Freisein

param

Andrew Cohen

Freisein

ins Deutsche übertragen von
Ulla Neckenauer

param

Die Deutsche Bibliothek – CIP-Einheitsaufnahme

Cohen, Andrew:
Freisein / Andrew Cohen. Ins Dt. übertr. von Ulla Neckenauer. –
Ahlerstedt : Param, 1999
Einheitssacht.: Freedom has no history <dt.>
ISBN 3-88755-**009**-9

Umwelthinweis

Gedruckt auf chlor- und säurefreiem Papier.

Titel der Originalausgabe
Freedom Has No History; a call to awaken

Umschlagfoto Karl-Heinz Koch
Übersetzung Ulla Neckenauer
Satz und Gestaltung ars . data . media, Ahlerstedt
Druck und Verarbeitung Fuldaer Verlagsanstalt, Fulda

ISBN 3-88755-**009**-9

Inhalt

Einführung

Kurz bevor ich zu lehren begann, saß ich eines abends alleine da und dachte über einige außergewöhnliche Einsichten nach, die ich im Lauf der letzten vierundzwanzig Stunden gehabt hatte. Inspirierende, Aufschwung gebende, befreiende Einsichten. Über die dachte ich nun intensiv nach. Ich wollte diese durchdringende Klarheit wieder erleben. Ja, ich sehnte mich verzweifelt danach, diese Einsichten noch einmal zu haben. Und deshalb mußte ich leiden. Es ist ja häufig so, daß wir nicht loslassen können, wenn uns etwas Befreiendes widerfahren ist. Deshalb gab ich mir so ungeheure Mühe. Ich versuchte, kraft meines Gedächtnisses etwas zurückzuholen, das sich nur Stunden zuvor ereignet hatte.

Plötzlich, mittendrin, hielt ich inne. »Was tust du da?« sagte ich laut. »Was tust du da?« In diesem Augenblick des Erkennens offenbarte sich mir, daß mich mein Bemühen, etwas in der Vergangenheit Liegendes wieder einzufangen, nicht nur leiden ließ. Nein, es war auch genau das, was mich von dem abhielt, was ich mir schon immer am meisten wünschte – Befreiung. Als ich das begriff, kam alles zum Stillstand. Seit diesem Augenblick habe ich damit aufgehört, eine in der Vergangenheit liegende Erfahrung zu betrachten, um zu wissen, ob ich frei bin.

Diese Einsicht hatte in vieler Hinsicht eine wesentlich befreiendere Wirkung, als die unzähligen Momente von Offenbarung, die mir zuvor oder seitdem widerfahren sind. Was ich in diesem Augenblick begriff, war *Freiheit hat keine Vergangenheit.* Das war im wahrsten Sinn des Wortes ein Quantensprung in meiner Entwicklung.

»Freiheit
markiert das Zeitlose im Ablauf der Zeit. Deshalb hat Freiheit keine Vergangenheit, denn die Erscheinungen, die alle zeitlich ablaufen, sind so betrachtet der kaleidoskopische Tanz des Absoluten auf der kosmischen Leinwand der immerwährenden Erfahrung.«

Swami Krishnananda
Rishikesh, Indien

12. November 1996

Vorwort

Erleuchtung ist ein Juwel, den wir finden, wenn wir erwachen. Steht man vor ihm, wird einem plötzlich klar: »Ich habe tief geschlafen! Ich dachte, die Dinge wären so, und jetzt stelle ich fest, daß sie ganz anders sind!«

Erleuchtung – das ist die Entdeckung eines unendlich feinen Wahrnehmungsvermögens. Wenn man diese Veränderung der Wahrnehmung verfolgt, entdeckt man immer größere Feinheit. Darin liegt eine immerwährende Faszination. Während man diesen Juwel in der Hand dreht und betrachtet, wie sich das Licht darin bricht, entdeckt man mehr und immer mehr. Die Tiefe, die einem dabei offenbart wird, ist wunderbar.

Wenn Sie wissen wollen, was wahr ist, müssen Sie bereit sein, jeglichen Irrglauben, den Sie angesammelt haben und den die Welt so oft zum

Ausdruck bringt, für immer hinter sich zu lassen. Erst dann sind Sie fähig, alleine und unabgelenkt dazustehen und es endlich zu ertragen, Zeuge dieses Geheimnisses zu sein, das sich jeder Beschreibung entzieht. Wenn Sie bereit sind, alle Aufmerksamkeit dem Streben nach der Wahrheit zu widmen, werden Sie zu Ihrer Überraschung feststellen, daß Sie den Juwel der Erleuchtung tatsächlich in Ihren Händen halten.

1

Eine überwältigende Leidenschaft

Frage Wodurch wird Unwissenheit vollständig beseitigt?

Antwort Durch makellose Absicht. Die Absicht, sich in diesem Leben voll und ganz zu befreien – und das aus Gründen, die makellos sind. Denn wenn unsere Absicht makellos wird, trägt uns unser Wunsch nach Befreiung über den Eigennutz hinaus. Man will die Befreiung nicht mehr ausschließlich für sich selbst. Was also beseitigt Unwissenheit endgültig? Der bedingungslose, von unbedingter Kompromißlosigkeit unterstützte

Wunsch, in diesem Leben vollkommene Befreiung zu erlangen.

Die meisten Suchenden geben sich mit weniger als allem zufrieden, mit weniger als dem vollkommenen Tod. Tatsächlich wollen nur ganz wenige Menschen auf dieser Welt niemand sein, sehr wenige. Ob Sie es glauben oder nicht, wir können sogar in unserer Selbstverwirklichung noch etwas Besonderes sein. Konkurrenzverhalten gibt es auf allen Ebenen. Es ist gar nicht so selten, daß jemand genug Motivation besitzt, um vom Möglichen zu kosten, um spirituelle Erfahrungen zu machen. Aber daß jemand genug Motivation besitzt, um den ganzen Weg zu gehen, ist ausgesprochen selten.

Wenn es wirklich gelingen soll, die Begrenztheit zu überwinden, müssen Sie zulassen, daß Ihr Herz so groß wird, bis es weit aufbricht — so weit, daß Sie selber dahinter verschwinden. Doch wenn Sie daran verhaftet sind, etwas Besonderes sein zu wollen, wird Ihnen das niemals gelingen.

Das Leben ist kein Drama, das sich lediglich zu unserem persönlichen Vergnügen oder Mißvergnügen abspielt. Es geschieht etwas sehr Großes hier, etwas unglaublich Wichtiges, viel größer und weit wichtiger als persönlicher Verlust oder Gewinn. Wenn wir zum ersten Mal erleben, was es mit der makellosen Absicht auf sich hat, dann werden wir es entdecken. Was entdecken? *Das Leben als ein Ganzes.* Diese Entdeckung lehrt uns, daß wir im Ganzen nicht als getrennt existieren. In dieser Erkenntnis liegt das Potential zur vollkommenen Befreiung. Wenn wir wissen, daß einzig das Ganze zählt, können wir dieses Potential Wirklichkeit werden lassen.

Gelingt uns dies, so wächst uns eine Art Fürsorglichkeit zu, die man sich zuvor nicht hätte vorstellen können. Eine Fürsorglichkeit, die so überwältigend ist, daß sie nicht mehr unserer persönlichen Kontrolle unterliegt. Ich meine eine große Leidenschaft, die so rein ist, daß sie eine ausschließlich persönliche Beziehung zum Leben auslöscht. Wenn Sie Unwissenheit vollkommen ausmerzen wollen, ist das Hineinsterben in diese Leidenschaft der Weg.

2

Einer ohne einen Zweiten

Die meisten Menschen, die an spiritueller Freiheit interessiert sind, ziehen es vor, Jünger zu sein. Nur wenige sind gewillt, die Opfer zu bringen, die nötig sind, um frei zu werden.

Wenn Sie den Zustand der Menschen einer ernsthaften Betrachtung unterziehen – der Zustand der Menschen meint uns *alle* –, werden Sie entdecken, daß es letztlich nur einen Zustand gibt und daß wir alle Teil davon sind. Es gibt nur eine Person, und diese Person sind wir alle. Es gibt nur einen Körper, ein Herz und einen Geist. Es gibt nur einen Wahrnehmenden, und dieser Wahrnehmende sind Sie.

Es gibt viele, die sagen: »Es gibt nur einen«. Sie meinen damit einen vagen »Einen«, der angeblich überall existiert. Aber selbst wenn man das wirklich glaubt – hat man auch den Mumm, es ernst zu nehmen? Denn wenn da tatsächlich nur einer ist, dann bedeutet das ja, daß da nur *Sie* sind. Sehr wenige sind bereit, so weit zu gehen.

Wenn Sie es zulassen, daß sich diese Art der Kontemplation in Ihnen zu offenbaren beginnt, werden Sie plötzlich spüren, daß die Dinge sehr real werden. Eine ganze Phantasiewelt fällt von Ihnen ab. Und dann erhebt sich die Frage: Wenn da nur Sie ganz allein sind, was werden Sie in Hinsicht auf die gewaltige Krise tun, in der Sie sich zu befinden scheinen? Werden Sie es sich gestatten, wieder einzuschlafen? Werden Sie so tun, als wäre das alles einerlei? Oder werden Sie entdecken, daß Sie – durch die Erkenntnis, daß da kein anderer ist – dazu befähigt sind, alles zu ändern? Einfach dadurch, daß Sie Verantwortung für die Tatsache übernehmen, daß es keinen anderen gibt, auf den Sie letzten Endes zählen können? Wenn sich die Dinge jemals merklich ändern sollen, dann hängt alles von Ihnen ab.

Ich kam an einen Punkt in meinem Leben, wo ich erkannte, daß ich auf keinen anderen zählen konnte. Nicht mehr überzeugt von dem, was ich von anderen hörte, wußte ich, daß ich auf mich allein gestellt war, wenn ich dem Ganzen auf den Grund kommen wollte. Als ich das akzeptierte, als ich nicht mehr davor zurückwich, sondern es schließlich annahm, wurde mir durch diese Entscheidung ein großer Friede zuteil. Denn ich hörte damit auf, wichtige Antworten außerhalb von mir zu suchen. Ich brauchte nicht mehr anderswo nach Sicherheit oder Beruhigung zu suchen. Ich wußte ohne jeglichen Zweifel, daß alles von mir allein abhängt.

Wenn man an diesem Punkt seiner Entwicklung anlangt, nimmt man sich viel ernster. Man beginnt, es wirklich für möglich zu halten, daß man wissen *kann,* daß man dem Ganzen auf den Grund kommen *kann,* daß man seinen Weg finden *kann.*

Wenn Sie zu der Einsicht gelangen, daß da kein anderer ist, werden Sie als menschliches Wesen in sich selbst, *als Sie selbst,* ungeheure Stärke und Inspiration finden. Sie werden aufhören, draußen zu suchen, weil Sie spüren werden, wie diese Stärke und Inspiration von innen heraus aufsteigen.

Wenn Sie begreifen, daß da kein anderer ist,

erwachen Sie aus dem Traum der Individualität. Sie erwachen aus dem Alptraum des Eigendünkels. Plötzlich entdecken Sie, daß Sie als Teil eines unermeßlich großen Ganzen existieren und damit *wird auch klar, daß alles, was Sie tun, immer Einfluß auf das Ganze haben wird.* Die meisten halten diese Wahrheit nicht aus. Aber wenn Sie erkennen, wie bedeutsam Ihr Erwachen sein kann, werden Sie feststellen, daß Sie keinerlei Wahl haben. Sie haben deshalb keine Wahl, weil Sie sich von der Vorstellung verabschiedet haben, daß Sie jemals die Wahl hatten.

Wenn Sie anfangen, sich selbst ernst zu nehmen, dann bedeutet das, daß Sie auch die Situation ernst nehmen, in der Sie sich befinden. Das ist der Augenblick, wo Sie einen Blick auf das werfen, was hinter dem Gefühl der Individualität liegt, der Illusion des Getrenntseins und der Isolation. Dann werden sie anfangen, die Erkenntnis ernst zu nehmen, *daß Sie dieser Eine ohne einen Zweiten sind.* An diesem Punkt stößt man auf das große Paradoxon. Einerseits sind Sie ein Mensch, scheinbar ohne Bedeutung, einer unter Milliarden. Aber andererseits, im selben Augenblick, wissen Sie ohne jeglichen Zweifel, daß Sie dieser Eine sind, nur Sie allein. Nur sehr wenige wollen so weit gehen.

Verstehen Sie bitte, daß der ganze Prozeß der spirituellen Entwicklung, der Transformation und des Erwachens nichts Persönliches an sich hat – es ist ein Evolutionsprozeß. *Denn wenn sich der Einzelne weiterentwickelt, so tut dies auch die menschliche Rasse in ihrer Gesamtheit.* Es geht also ausschließlich darum: findet wirklich Entwicklung statt oder nicht? Wenn Sie nicht bereit sind, das Ganze ernst zu nehmen, wird es keine Entwicklung geben. Sie werden durchs Leben schlittern, zusammen mit all den anderen, die ebenfalls durchs Leben schlittern – in einem unbewußten Kuddelmuddel, wo jeder blindlings jedem folgt. Deshalb ist es so wichtig, daß jeder bereit ist, sich selbst und die Möglichkeit seiner Transformation wirklich ernst zu nehmen.

Wenn da kein anderer ist, wenn da wirklich und *wahrhaftig* kein anderer ist, dann müssen Sie dieser Eine ohne einen Zweiten sein.

3

Ein unerschütterlicher Standpunkt

Wenn es Ihnen ernst damit ist, in diesem Leben Befreiung zu erlangen, müssen Sie bereit sein, einen unerschütterlichen Standpunkt einzunehmen. Wenn es Ihnen ganz und gar ernst ist damit, sich von Angst und Unwissenheit zu befreien, müssen Sie gewillt sein, einen absoluten Standpunkt in Beziehung auf Gedanken, Gefühle und Zeit einzunehmen. Wenn Sie frei sein wollen, müssen Sie stark sein und klaren Geistes. Und vor allem müssen Sie ganz genau wissen, was wichtig ist. Wenn Sie es wirklich ehrlich meinen, muß Ihr Wunsch nach Befreiung stärker sein als alles andere.

In der richtigen Umgebung und in der richtigen Gesellschaft ist es nicht schwierig, und sei es auch nur für kurze Momente, Friede, Freude und Glückseligkeit zu kosten, zu erfahren, wie es sich anfühlt, von der Tyrannei des Verstandes befreit zu sein. Im Verlauf einer derartigen Erfahrung kann man die Entdeckung machen, wie außergewöhnlich das Leben sein kann. Aber es ist so: Den meisten, die eine solche Erfahrung machen, entgleitet sie schon kurz darauf. Möglich, daß Sie mal wieder drüberstolpern, aber meist ist sie ebenso flüchtig wie zuvor. Deshalb ist es so wichtig, einen unerschütterlichen Standpunkt einzunehmen, wenn Sie in diesem Leben Befreiung erlangen wollen.

Das Leben ist voll von endlosen Versuchungen und endlosen Ablenkungen. Es ist so leicht, sich zu verirren. Fünf, zehn oder zwanzig Jahre später fällt es einem vielleicht plötzlich wieder ein und man ruft: »Wie konnte ich nur vergessen?« Doch nach so vielen Jahren haben wir gewöhnlich den Zugang zu unserer Inspiration verloren und müssen deshalb unter Umständen einen mühsamen Kampf gegen unsere Zweifel führen, um noch einmal genügend Glauben daran aufzubringen, daß Befreiung möglich ist. Doch kann es sein, daß wir uns dann nicht mehr für würdig befinden und sogar infrage stellen, ob es überhaupt möglich ist. Deshalb muß unsere Absicht, die Befreiung zu erlangen, von Anfang an uneingeschränkt sein. Sie muß stärker sein als unser Verstand, kraftvoller als jeder andere Impuls oder Wunsch. Nur dann gibt es eine wirkliche Chance auf Erfolg.

Es ist eine Sache, den spirituellen Weg zu beginnen. Das tun viele. Eine ganz andere ist es jedoch, das Ziel, sich gänzlich von Angst und Unwissenheit zu befreien, auch nachhaltig zu erreichen. Das ist ganz selten, und der Grund dafür ist, daß nur wenige ernsthaft daran glauben, daß es wirklich möglich ist.

Wenn wir bereit sind, die Möglichkeit ernst zu nehmen, wird sich unser Leben auf radikale Weise verändern, weil wir uns endlich aufrichtig auf die Frage einlassen, was es bedeutet, am Leben zu sein. Das heißt, daß wir nun das Leben ernst nehmen, daß wir nun den Tod ernst nehmen, daß wir nun die Liebe ernst nehmen. Wir werden uns nicht länger erlauben, den Dingen, die wichtig sind, mit Gleichgültigkeit zu begegnen. Um es zu schaffen, uns von Angst und Unwissenheit zu befreien, *muß* eine kategorische Verpflichtung eingegangen werden. Die Verpflichtung, wenn nötig gewaltige Anstrengungen zu unternehmen, um nicht vom Weg abzukommen, um niemals zu wanken.

Wenn Sie bis jenseits der oberflächlichen Schichten einer spirituellen Erfahrung vordringen und nach und nach nicht nur in die Natur Ihrer eigenen Seele blicken, sondern auch tief hinein in die Natur der Realität selbst, beginnt sich alles zu verwandeln. Dann ist das Unbekannte nicht mehr nur ein Wort, sondern es ist zu Ihrer erlebten Erfahrung geworden. An diesem Punkt wird sich der Teil von Ihnen, der die Freiheit fürchtet, erheben und Sie in Versuchung führen, einen Rückzieher zu machen. Diese Versuchung kann viele Gestalten annehmen. Sie kann in Form Ihres besten Freundes oder Ihrer besten Freundin auftreten, Ihres Geliebten oder Ihrer Geliebten, ja, sogar in Form Ihres eigenen Abbilds im Spiegel. »Geh zurück! Du willst das nicht!« werden sie Ihnen alle sagen. »Du darfst das nicht geschehen lassen! Bitte, bitte sei wieder so wie zuvor!«

Werden Sie in der Lage sein, dies als das zu erkennen, was es ist? Werden Sie sich der Möglichkeit der Befreiung so intensiv verschreiben, daß

Sie die vielfältigen Gesichter Ihres Egos sehen können?

Nur indem wir selbst erkennen, daß es *nichts Wichtigeres gibt, als frei zu werden,* sind wir fähig, die endlosen Stürme zu überleben, die uns unser Verstand bescheren kann. Aus dieser Erkenntnis muß sobald als möglich unsere Bereitschaft erwachsen, klar und deutlich zu erkennen, was es bedeutet, am Leben zu sein. Je früher wir in der Lage sind, zu einer absoluten inneren Gewißheit zu gelangen, desto eher werden wir in der Lage sein, einen unerschütterlichen Standpunkt einzunehmen. Einen Standpunkt, der so unerschütterlich, so unwiderruflich ist, daß es keinem Sturm gelingen wird, ihn ins Wanken zu bringen. Erst dann wird es möglich, frei zu sein.

4

Geben Sie die Zukunft auf

Frage Vor vielen Jahren habe ich entdeckt, daß ein Teil von mir schreckliche Angst davor hat, frei zu sein. Seit damals warte ich darauf, daß diese Angst weggeht. Meine Frage ist, kann ich etwas tun, damit der Teil von mir, der frei sein will, stärker wird als der Teil, der sich fürchtet?

Antwort Sie müssen gewillt sein, eine Wahl zu treffen. Viele Suchende warten einfach darauf, daß ihre ganzen Ängste und Widerstände verschwinden. Aber wenn es Ihnen wirklich ernst ist, dann haben Sie nicht die Zeit zu warten. Sie müssen an den Punkt kommen, wo es Ihnen egal ist, wieviel Schwierigkeiten sich Ihnen in den Weg stellen. Sie müssen an den Punkt kommen, wo es Ihnen egal ist, wieviel Angst oder Zweifel Sie aushalten müssen. Sehen Sie, Sie müssen aufhören, *irgend etwas* von Gott zu fordern.

Viele Suchende sagen, daß sie eins sein wollen mit der Wahrheit, mit Gott. Doch gleichzeitig haben sie eine lange Liste von Forderungen: »Ich will nie Angst haben, ich will nie Zweifel verspüren, ich will nie in Verwirrung geraten, ich will nie Enttäuschungen erleben. *Dann* werde ich für immer Dein sein.« Aber die Dämonen Angst, Verwirrung und Frustration sind nicht das Problem Gottes. Sie sind *Ihr* Problem.

Um die Art von Vertrauen zu finden, die Sie suchen, müssen Sie bereit sein, große Opfer zu bringen, und Sie müssen bereit sein zu leiden. Um wirkliches Vertrauen zu finden, müssen Sie fähig sein, mehr Zweifel und Verwirrung zu ertragen als jemals zuvor. Zu viele wollen sich nur auf die Art von Vertrauen einlassen, für das man nicht kämpfen muß, für das man keine Opfer bringen muß.

Doch die Art von Vertrauen, die hier gemeint ist, ist niemals kostenlos. Nein, dieses Vertrauen ist tatsächlich ausgesprochen kostspielig. Sie müssen an den Punkt kommen, wo Sie nicht mehr messen und wiegen, was Sie bereit sind zu geben. Sie müssen an den Punkt kommen, wo Sie sich nicht mehr darum scheren, wieviel Sie erleiden müssen, wo Sie ohne jeden Zweifel wissen, daß Ihnen uneingeschränkte Liebe und vollkommene Freiheit so wichtig sind, daß jeglicher Verdruß, jegliches Unbehagen, dahinter zurücktreten. Dann werden Sie nicht mehr warten, dann sind Sie bereit. Bereit wofür? Bereit, die Zukunft aufzugeben.

Das ist wahre Entsagung – bereit zu sein, die Zukunft *im wahrsten Sinn des Wortes* aufzugeben. Und wenn wir bereit sind, die Zukunft aufzugeben, dann sind wir bereit, jegliche Hoffnung in die Zukunft aufzugeben. Und wenn wir jegliche Hoffnung in die Zukunft aufgeben, dann hören wir endlich mit dem Warten auf. Dann begreifen wir, daß ein besserer Augenblick als der jetzige *niemals* kommen wird.

Immer warten wir auf den perfekten Augenblick, um loszulassen. Immer warten wir auf den perfekten Augenblick, um bereit zu sein, uns vollkommen, aus ganzem Herzen und ohne jegliches Zögern einzulassen. Und an der Tatsache, daß wir warten, liegt es, daß wir nicht fähig sind loszulassen, wenn dieser Augenblick dann tatsächlich kommt.

Wenn wir schließlich genug Mut und innere Überzeugung aufbringen, um die Zukunft ein für allemal zu vergessen, werden wir einen Raum entdecken, einen unermeßlichen, einen unendlichen Raum, wo wir ohne jeglichen Zweifel wissen, daß wir frei sind. Und diese Freiheit löst alles Anhaften auf. Doch bedeutet das nicht, daß wir uns um nichts mehr kümmern. Im Gegenteil, wir werden viel engagierter sein. Warum? *Weil wir uns keine Sorgen mehr um uns selbst machen.* Und dadurch erfahren wir die Freiheit, uns viel mehr zu kümmern, als die meisten es jemals tun.

Solange wir warten, werden wir niemals fähig sein, wirklich zu lieben. *Niemals.* Unsere Liebe wird immer selbstsüchtig sein, weil es uns nur um uns selbst geht. Wenn wir aufhören zu warten, haben wir dafür keine Zeit mehr.

Ich rede da über eine Lebensweise, die radikal anders ist. Wenn ich sage, Sie müssen die Zukunft aufgeben, dann meine ich damit nicht nur, daß Sie im Jetzt leben sollen. Nein, ich meine damit, daß Sie alles aufgeben müssen, und das ist etwas ganz anderes. Es ist so, wenn wir die Zukunft aufgeben, werden wir befreit von der Hölle einer krankhaft ichbezogenen Existenz, wo es uns nur um uns selbst geht und wo wir nie zufriedengestellt sind – wo uns unsere materialistische Einstellung bei jeder Gelegenheit sagen läßt: »Was springt dabei für mich heraus?«

Stellen Sie sich vor, Sie umkreisen die Erde in einem Raumschiff. Manchmal verlassen Sie es, um draußen rumzuspazieren. Dabei verbindet Sie eine Sicherheitsleine mit dem Schiff. Es ist unglaublich aufregend da draußen im Raum. Sie verspüren ein außergewöhnliches, ein unbeschreibliches Gefühl von Freiheit. Aber Sie wissen stets, daß Sie ins sichere Raumschiff zurückkehren werden. Wenn ich davon rede, die Zukunft aufzugeben, dann rede ich davon, da draußen zu sein und das Seil durchzuschneiden. Im selben Augenblick, wo dies geschieht, werden Sie spüren, wie ungemein aufregend unsere Existenz ist. Sie werden in seiner ganzen Tragweite erkennen, was es heißt, am Leben zu sein. Das Ausmaß dieses Schritts übersteigt jedoch das, was die meisten erdulden wollen. Die meisten wollen nur daran schnuppern, um dann zum alten Zustand zurückzukehren. Ich spreche davon, *niemals zurückzukehren,* sondern den ganzen Weg in diesem Leben zu gehen. Und dazu kann es nur kommen, wenn Sie bereit sind, das Seil durchzuschneiden.

5

Zynismus

Ein erschreckender Zynismus hat sich tief in die Herzen und die Köpfe von vielen unter uns eingegraben. Weil wir in dieser recht elenden Welt aufgewachsen sind, haben wir meist guten Grund, die Möglichkeit einer Befreiung mit Zynismus zu betrachten. Wenn wir jedoch eine tiefgründige spirituelle Erleuchtung anstreben, müssen wir einen Weg finden, für das Unvorstellbare zugänglich und empfänglich zu werden.

Wenn man nicht wirklich daran glaubt, daß eine echte Befreiung in diesem Leben möglich ist, kann man sich recht sicher fühlen. Tatsächlich ist leicht zu erkennen, daß die grundsätzlich zynische Einstellung, an der so viele von uns unbewußt festhalten, uns vor der möglicherweise überwältigenden Erfahrung schützt, über die Wahrheit zu stolpern.

Ich habe viele Menschen einen Zustand erreichen sehen, wo sie plötzlich merken, daß sie wach sind, daß sie sich zutiefst lebendig fühlen; ein Zustand, in dem das Herz befreit ist von einer üblichen, sehr verschlossenen, zynischen Haltung. Aber in den meisten Fällen mußte ich feststellen, daß sie das Ausmaß der Verwundbarkeit, die sie dadurch erfuhren, nicht ertragen konnten. So einen tiefen Einblick zu nehmen und so viel zu wissen, zwingt uns zu einer Hingabe, die so groß ist, daß sie jegliche Vorstellung, die wir von uns selbst haben, erbarmungslos in Frage stellt.

Zynisch zu sein bedeutet, nicht zu glauben, daß es möglich ist, frei zu sein. Nicht zu glauben, daß es möglich ist, wirklich glücklich zu sein. Zynisch zu sein bedeutet, daß wir dem Leben mißtrauen und uns vor der Liebe fürchten. Für einen Zyniker ist es unmöglich, an eine Liebe zu glauben, die selbstlos ist. Und er glaubt auch nicht daran, daß es so etwas wie vollkommene Güte gibt. Wenn wir frei sein wollen, müssen wir uns klar machen, daß uns der Zynismus von den tiefsten Schichten unseres Selbst fernhält. Er schirmt uns von dem unvorstellbaren Geheimnis ab, das wir stets in uns tragen.

Daran zu glauben, daß man grundsätzlich nicht aufs Leben vertrauen kann, bewahrt uns auch davor, uns seiner überwältigenden Vielschichtigkeit zuwenden zu müssen. Der zynische Standpunkt gestattet uns den Luxus, keine Fragen zu stellen, die zu weit führen. Er ermöglicht es uns zu kneifen. Aber was noch wichtiger ist, der Zynismus macht es uns überaus schwer, das Leben auf eine Weise zu erfahren, die uns zeigt, was bedeutungsvoll ist, was wesentlich ist, was wirkliche Tiefe besitzt. Wenn wir frei sein wollen, müssen wir deshalb einen Weg finden, den Zynismus auszumerzen, der uns davor schützt, zu verletztlich zu sein, zu klar zu sehen und zu viel zu wissen. Wenn wir frei sein wollen, müssen wir einen Weg finden, uns ganz und gar dem Leben zuzuwenden.

6

Was tue ich?

Wenn Sie nur genau hinschauen, werden Sie rasch begreifen, daß wir auf eine Weise leben, die uns sehr wenige Möglichkeiten läßt. Sie müssen nur für kurze Zeit genau hinsehen, um dies selbst zu erkennen. Wir schaffen Gefängnisse, und dann wohnen wir darin. Sehen Sie sich einmal Ihre eigenen Erfahrungen genau an. Sehen Sie sich an, wie Sie Ihr Leben leben. Sehen Sie sich an, wie andere ihr Leben leben. Es ist leicht zu erkennen, bis zu welchem Grad viele von uns bereit sind, Kompromisse im Leben einzugehen.

Wenn wir frei sein wollen, müssen wir Schluß machen mit unserer grundsätzlich geteilten Beziehung zum Leben. Die Art von Kompromiß, mit dem die meisten von uns zufrieden zu leben scheinen, ist der Ausdruck eben dieser Teilung, die ein Ende finden muß, wenn irgendeine radikale Wandlung stattfinden soll. Doch wer besitzt den Mut? Wer wagt es, mit den Kompromissen Schluß zu machen? Wer ist wirklich bereit, dieses Leben der Teilung aufzugeben?

Wenn wir frei sein wollen, müssen wir bereit sein, *alles* zu hinterfragen. Wir müssen bereit sein, all unsere vorgefaßten Meinungen zu hinterfragen. Wir müssen bereit sein, uns genau anzusehen, wie wir leben und warum wir so leben. Denn wenn wir es ernst meinen, wird unser Leben zu einem kraftvollen Ausdruck von Liebe und Schönheit. Ist es das nicht, dann gibt es dafür einfache Gründe.

Wenn es Ihnen wirklich ernst ist, müssen Sie sich fragen: »Was tue ich?« Man kann allem auf den Grund kommen, indem man diese einfache Frage stellt: »Was tue ich? Was tue ich *wirklich?*« Diese Frage kann es Ihnen ermöglichen, die grundlegenden Aspekte dessen zu akzeptieren, was es bedeutet, ein Mensch zu sein. Innerhalb kürzester Zeit können Sie herausfinden, wie selbstsüchtig oder selbstlos Sie in Wirklichkeit sind. Sie können herausfinden, wie groß Ihr Interesse an wahrer Liebe in Wirklichkeit ist. Mit dieser Frage können Sie herausfinden, wie Ihre Beziehung zum Leben aussieht, und zwar auf eine Weise, die das Potential in sich trägt, Sie – falls Sie dazu bereit sind – zu befreien.

Es gibt nur wenige Menschen, die mehr als alles andere frei sein wollen. Es gibt nur wenige Menschen, denen die Wahrheit wichtiger ist als ihr eigenes Befinden. Doch diese wenigen werden erfolgreich sein. Alle, denen es so ernst damit ist, die bereit sind, alles andere im Leben hintanzustellen, werden ihren Weg hinüber zur anderen Seite finden. Etwas Außergewöhnliches wird geschehen. Das, was heilig ist, wird sie umhüllen. Wenn sie ihre Hände zum Gebet falten, wird ihrem Gebet eine Kraft innewohnen, die anderen fehlt. Wenn sie meditieren, wird ihre Meditation an Tiefe gewinnen. Wenn uns eine ungeteilte Beziehung zum Leben wichtiger ist als alles andere, dann wird unser eigenes Leben schließlich ein lebendes Abbild dessen sein, was ungeteilt, was ganz ist.

Das, was wir entdecken, wenn wir uns die Frage »Was tue ich?« stellen, ist in der Regel nicht so angenehm, wie wir es gern hätten. Oft stellen wir fest, daß wir ichbezogener sind, als wir bisher dachten. Indem wir uns diese Frage aufrichtig stellen, wird sich der Schleier der Täuschung und des Selbstbetrugs heben und wir werden klar und deutlich erkennen, wie es in Wirklichkeit um uns bestellt ist. Nur bei dieser Art von eingehender Befragung können wir sehen - vielleicht zum allerersten Mal - wie weit wir bereit sein müssen zu gehen, damit eine radikale Wandlung stattfinden kann.

Es ist deshalb so wichtig, daß wir uns diese Frage stellen, weil wir durchaus in der Lage sind, viele Dinge über uns selbst zu glauben, die gar nicht der Wahrheit entsprechen. Wenn es uns ernst damit ist, unserer geteilten Beziehung zum Leben ein Ende zu machen, dann müssen wir alles so sehen, wie es in Wirklichkeit ist.

Die Frage »Was tue ich?« hat die Macht, die Wahrheit ans Tageslicht zu bringen, was unsere Beziehung zum Leben betrifft. Diese einfache Frage kann uns zu wirklicher Reife führen, an einen Ort, wo wir uns nicht mehr belügen können, wie es so viele von uns nur allzugern tun. Keine Kompromisse mehr zu machen bedeutet, nicht mehr fähig zu sein, so zu tun, als wären die Dinge anders, als sie tatsächlich sind.

Aufrichtig nach Befreiung zu streben, bedeutet somit, daß wir bereit und gewillt sind, uns auf eine Verletzlichkeit einzulassen, die wir zuvor für unerträglich gehalten hätten. Und in dieser Verletzlichkeit kann man jeglicher Angst, jeglicher Verwirrung, jeglicher Zwiespältigkeit auf sehr direkte und machtvolle Weise begegnen. Wenn man den Mut hat, so tief einzutauchen, wird es tatsächlich möglich, daß sich alles wandelt. Es kann der Beginn einer Lawine sein, eines Erdbebens, eines Umbruchs, der nichts läßt, wie es war. Wenn wir aufrichtig sind, müssen wir willens sein, im Feuer unserer eigenen Zerstörung zu brennen. Wir müssen willens sein, die Dinge so zu sehen, wie sie sind. Schließlich und endlich müssen wir soweit kommen, daß es uns nicht mehr möglich ist, Kompromisse einzugehen, wir müssen willens sein, ein furchtloses Interesse an der Wahrheit zu zeigen. Dann werden wir bereit sein, lebendigen Leibes zu brennen und abzuwarten, was kommen wird.

7

Eine absolute Wahl

Es gibt Zeiten, wo plötzlich alles auf tiefgründige Weise klar wird, wo sich alles wie durch ein Wunder ordnet, wo die Last der Verwirrung weicht und man sehen kann, wie die Dinge in Wirklichkeit sind. In derartigen Augenblicken erfährt man Befreiung.

Viele haben irgendwann einmal Augenblicke der Befreiung erlebt, aber nur wenige wurden so tief davon berührt, daß daraus eine Wandlung ihres Lebens erwuchs. Wenn man das persönliche Leben vieler betrachtet, die aufrichtig nach spirituellem Wachstum zu streben scheinen, entdeckt man tatsächlich oft ein Gutteil derselben Verwirrung wie bei jenen, die keinerlei Interesse an Spiritualität zeigen.

Woran liegt das? *Es liegt daran, daß es nicht die spirituellen Erfahrungen an sich sind, die uns befreien.* Es ist nicht die Erfahrung von überwältigender Liebe, von unglaublicher Glückseligkeit oder sogar tiefer Einsicht, die es Menschen ermöglicht, sich auf außergewöhnliche Weise zu wandeln. Was es einer tiefen Einsicht und machtvollen Offenbarung gestattet, zu einer außergewöhnlichen Wandlung zu führen, ist letztlich nur die Bereitschaft des Einzelnen, sich dem, was in der spirituellen Erfahrung entdeckt wird, bedingungslos hinzugeben.

Jemand, der wahrhaft bereit ist, sich hinzugeben, nachdem er einen Geschmack davon bekommen hat, was es bedeutet, wach zu sein, wird auch wach bleiben. Wenn man nicht bereit ist, sich bedingungslos hinzugeben, wenn die spirituelle Erfahrung in einem Rahmen stattfindet, wo eine starke Anhaftung an die Art und Weise besteht, wie die Dinge immer waren, dann wird es nicht einmal einer direkt erfahrenen Offenbarung der spirituellen Dimension in all ihrer Pracht gelingen, nachhaltigen Einfluß auf die Beziehung zu nehmen, die der Betreffende zum Leben hat. *Wir haben die absolute Wahl, was den Rahmen angeht, in dem unsere Suche stattfindet.*

Noch einmal, was es einer tiefen Einsicht und Offenbarung gestattet, zu einer außergewöhnlichen Wandlung zu führen, ist letztlich nur die Bereitschaft des einzelnen, sich dem, was in der spirituellen Erfahrung entdeckt wird, bedingungslos hinzugeben. Es sind nicht die spirituellen Erfahrungen an und für sich, die uns befreien.

8

Ein perfektes Verhältnis zum Denken

Haben Sie jemals darüber nachgedacht, wie es wohl wäre, ein perfektes Verhältnis zum Denken zu haben? Wenn Sie frei sein wollen, ist es überaus wichtig zu verstehen, daß unser spiritueller Fortschritt letztlich darauf zurückgeführt werden kann, wie perfekt unser Verhältnis zum Denken ist. Jemand, der befreit ist, hat ein gänzlich anderes Verhältnis zum Denken als jemand, der es nicht ist. Sich die Frage zu vergegenwärtigen, was ein perfektes Verhältnis zum Denken ist, ist ein bedeutsamer Weg, um den Sinn und die Wichtigkeit des erleuchteten Zustands zu verstehen. Falls man es wagt, sich ernsthaft zu fragen, welches Verhältnis man zum Denken hat, kann augenblicklich die ganze Welt auf den Kopf gestellt werden.

Wenn man sich die Frage stellt, was ein perfektes Verhältnis zum Denken ist, muß man sich unbedingt klarmachen, daß es nicht um das Verhältnis zu bestimmten Gedanken geht, sondern zum Denken ganz allgemein. Das heißt zuzulassen, daß alle Gedanken vollkommen gleichwertig werden. Es ist eine lehrreiche Übung, alle Gedanken vollkommen gleichzustellen und sich von da aus zu befragen, was für ein Verhältnis man zum Denken selbst eigentlich hat. Sehen Sie, solange wir unsere Aufmerksamkeit nur auf unser Verhältnis zu bestimmten Gedanken richten, wird es unmöglich sein, diese Tür zu finden, dieses Portal, durch das wir in eine andere Dimension der Wahrnehmung eintreten können.

Wenn wir frei sein wollen, müssen wir einen Weg finden, diese Welt buchstäblich für immer hinter uns zu lassen. Und um diese Welt für immer hinter uns zu lassen, müssen wir uns rückhaltslos die Frage stellen: »Wie sieht unser Verhältnis zum Denken aus?« Wenn wir damit beginnen, unser Verhältnis zum Denken zu untersuchen, dann werden wir unser Verhältnis zu sämtlichen Objekten, die im Bewußtsein auftauchen, einschließlich der Welt mit allem, was sie in sich birgt, in einem dramatisch anderen Licht sehen. Denn durch die gezielte Untersuchung unseres Verhältnisses zum Denken entdecken wir den grenzenlosen Kontext, in dem alle Gedanken entstehen. Die Entdeckung dieses grenzenlosen Kontextes läßt uns die erleuchtete Sichtweise erfahren. Wenn wir den Kontext nicht wahrnehmen, in dem die Gedanken entstehen, so liegt das nur daran, daß unsere Aufmerksamkeit schon immer so ausschließlich auf die Gedanken und die Bewegung der Gedanken ausgerichtet war. Und weil dieser Kontext, in dem die Gedanken entstehen, nicht wahrgenommen wird, unterliegt unsere grundlegende Lebenserfahrung einer Begrenzung.

Unser Verhältnis zum Denken ist unser Verhältnis zum Leben. Unser Verhältnis zum Denken ist unser Verhältnis zur Welt. Unser Verhältnis zum Denken ist unser Verhältnis zum ganzen Universum. Unser Verhältnis zum Denken ist das Bindeglied zwischen dem Erfahren reiner, inhaltsfreier Bewußtheit einerseits und der Realität von Zeit und Raum und der ganzen Vielfältigkeit der Welt, die sich darin entfaltet, andererseits.

Der Zustand der Unwissenheit zeigt sich daran, daß wir uns mehr für die Gedanken interessieren als für den Kontext, in dem sie entstehen. Die erleuchtete und die unerleuchtete Sichtweise unterscheiden sich lediglich dadurch, daß man sich aus der erleuchteten Sichtweise heraus mehr für den Kontext interessiert, in dem die Gedanken entstehen, als für die Natur der Gedanken selbst. Dieser Kontext ist unendlicher Raum. Denken ist Zeit und Erinnerung. Richten wir unsere Aufmerksamkeit auf den unendlichen Raum, so erfahren wir Freiheit. Richten wir unsere Aufmerksamkeit auf Zeit und Erinnerung, so erfahren wir Abhängigkeit und Begrenzung.

Diese Verlagerung der Aufmerksamkeit vom Fasziniertsein vom Denken zur Faszination durch den Kontext, in dem es entsteht, ist die Verlagerung von einem schlafenden in einen wachen Zustand. Das ist die Bewegung von einer Meditation, die Zeit und Erinnerung zum Inhalt hat, hin zu einer Meditation jenseits von Zeit und Erinnerung. In dieser Verlagerung der Aufmerksamkeit von der Begrenztheit zum Grenzenlosen liegt die Möglichkeit zur Transformation. Und Transformation verlangt, sämtliche Schlüsse, die wir vor der Entdeckung des unendlichen Zusammenhangs hinsichtlich der Natur der Gedanken gezogen haben, noch einmal zu überprüfen.

Jene, die eher an den Gedanken interessiert sind als an dem unbegrenzten Kontext, in dem die Gedanken entstehen, lassen sich fast immer von der Entdeckung dieses Kontextes einschüchtern. Und tatsächlich hat diese tiefgründige Entdeckung zur Folge, daß vieles von dem, was bisher bedeutungsvoll schien, völlig bedeutungslos wird. Das kann erschreckend sein.

Jemand, der stets eine erleuchtete Sichtweise beibehält, wird von den Gedanken und der Bewegung der Gedanken nicht länger verwirrt. Deshalb scheinen solche Menschen fähig zu sein, sich auf übernatürliche Weise durch die Welt von Zeit und Raum zu bewegen. Jemand, der nicht mehr von den Gedanken und der Bewegung der Gedanken verwirrt wird, strahlt auf mysteriöse Weise das Grenzenlose und Unbegreifliche aus. Tatsächlich strahlen wir immer das aus, worauf wir uns konzentrieren. Deshalb bringt derjenige, der sich auf die Gedanken und den Ablauf der Gedanken konzentriert, Begrenztheit zum Ausdruck. Und der, der sich auf den Kontext konzentriert, in dem die Gedanken aufsteigen, bringt das unbegreifliche Wissen um das Grenzenlose zum Ausdruck.

Das Erwachen beginnt, wenn wir zum ersten Mal eine Verlagerung der Aufmerksamkeit erleben, weg von den Gedanken und der Bewegung der Gedanken, hin zu dem grenzenlosen Kontext, in dem Denken entsteht. Wenn wir diesen Kontext zum ersten Mal wahrnehmen, entdecken wir gleichzeitig, daß es keine Begrenzung gibt und daß Begrenzung bis zu diesem Augenblick unsere grundlegende Erfahrung war. Das Erwachen ist jedoch erst dann vollendet, wenn die Verlagerung von unserer Identifikation mit den Gedanken und der Bewegung der Gedanken hin zu dem Kontext, in dem Denken entsteht, dauerhaft geworden ist.

Dann wird man von irgendeinem besonderen Gedanken, der im Bewußtsein aufsteigt, nicht mehr übermäßig abgelenkt. Dann ist man ganz natürlich in diesen Kontext eingebettet, ist selbst dieser Kontext und nicht irgendein wie auch immer gearteter Gedanke.

9

Hören Sie auf zu kämpfen

Die meisten verlieren sich in einem scheinbar endlosen Kampf. Einem Kampf gegen das Denken. Einem Kampf gegen das Aufsteigen von Gefühlen. Einem Kampf gegen den Lauf der Zeit. Sie kämpfen und kämpfen und kämpfen ohne Ende. Möglicherweise erleben sie zeitweilige Unterbrechungen, kurze Augenblicke einer gewissen Erleichterung, doch die dauern gewöhnlich nicht sehr lange, und dann geht der Kampf wieder los.

Wenn wir lernen können, mit dem Kämpfen aufzuhören, werden wir eine natürliche, uns innewohnende Freiheit entdecken, die schon immer da war. Bei der spirituellen Praxis geht es größtenteils darum zu lernen, mit dem Kämpfen aufzuhören. Wenn ich davon spreche, das Kämpfen sein zu lassen, dann meine ich, daß wir gewillt sein müssen, ein starres, angstbesetztes und ichbezogenes Verhältnis zu unserem Erleben aufzugeben. Dazu gehört eine Menge Mut. Denn obwohl viele behaupten, sie wollten frei sein, wollen sie es, wenn sie tatsächlich die Möglichkeit haben, mit dem Kämpfen aufzuhören, dann meist doch nicht. Sie wollen es deshalb nicht, weil ihr Kämpfen, mag es noch so unangenehm, schmerzhaft und begrenzend sein, zumindest einen sicheren Hafen bietet, ein vertrautes Feld, in dem man sich einrichten kann. Es ist die Position, von der aus man sich stets wiedererkennen kann.

Wenn wir wirklich bereit sind, mit dem Kämpfen aufzuhören, wenn wir bereit sind, nicht mehr auf die Weise zu kämpfen, an die wir so gewöhnt sind, müssen wir anfangen, Raum zu schaffen für das, was wir *nicht wissen*. Wir müssen Raum schaffen für das Nichtwissen, was unsere innere Erfahrung und unser äußeres Leben angeht. Indem wir durch Erfahrung lernen, was es bedeutet, mit dem Kämpfen aufzuhören, erschließt sich uns das Geheimnis der Befreiung. Und sobald wir erfahren haben, was es bedeutet, nicht zu kämpfen – und sei es auch nur für einen Augenblick – müssen wir den Mut finden, es in unserem Leben in die Tat umzusetzen.

Die Bereitschaft aufzubringen, mit dem Kämpfen aufzuhören, ist eine der größten Herausforderungen auf dem spirituellen Weg. Tatsächlich scheint es für die meisten sehr schwierig zu sein, die Subtilität zu begreifen, die darin liegt, in dem Maße mit dem Kämpfen aufzuhören, daß es wirklich zu einem natürlichen Zustand werden könnte. Dazu kann es nur kommen, wenn man es mehr will als alles andere im Leben.

Um herauszufinden, was es bedeutet, mit dem Kämpfen aufzuhören, müssen wir gewillt sein, uns die Gründe sehr genau anzusehen, warum wir überhaupt endlos kämpfen. Wir kämpfen ja nicht nur, um schöne Gefühle, glückliche Erinnerungen und angenehme Erlebnisse festzuhalten. Nein, wir kämpfen auch, um Angst, Grauen und Elend festzuhalten. Wir kämpfen, um am Angenehmen festzuhalten, und wir kämpfen, um am Schmerzhaften festzuhalten. Auf blinde, mechanische und sehr abhängige Weise klammern wir uns am Vertrauten fest.

Aufschlußreich ist, wenn wir das Glück haben zu erfahren, wie es ist, nicht zu kämpfen, daß wir uns, selbst wenn die Erfahrung an sich positiv ist, fast immer von ihrer Tragweite bedroht fühlen. Wenn wir aber schließlich vom Kämpfen ablassen, entdecken wir eine bis dahin unbekannte Tiefe. Mit dem Kämpfen aufzuhören und diese Tiefe zu erfahren, wird meist als inspirierend und höchst bedeutungsvoll empfunden, gleichzeitig jedoch als ein Zustand, der viel zu hohe Anforderungen stellt, um das ganze Leben darin zu verbringen.

Eine der schockierendsten Enthüllungen im Verlauf eines ernsthaften spirituellen Wegs ist, wie stark wir dem Bekannten anhaften und wie wenig wir bereit sind, uns wirklich auf das Unbekannte einzulassen. Durch diese Enthüllung erkennen wir, daß es gerade das Kämpfen selbst ist, möge es auch unangenehm sein, das es uns gestattet, auf einem Territorium zu verweilen, das grundsätzlich sicher scheint, weil wir es kennen.

Wenn wir in unserem Wunsch aufrichtig sind, das Kämpfen zu beenden, müssen wir mehr und mehr dazu kommen, nichts anderem anzuhängen als dem Streben nach völligem Freisein. Freisein bedeutet Friede, Innehalten, Freude und Glückseligkeit. Wenn wir an dem Punkt unserer menschlichen Entwicklung ankommen, wo wir endlich bereit sind, das Kämpfen einzustellen und uns voll auf das Unbekannte einzulassen, dann werden wir zur Ruhe kommen. Alles wird sich wandeln. Unsere ganze innere Welt und unsere Beziehung zum Leben insgesamt werden umgekrempelt, einfach weil wir bereit und willens sind, mit dem Kämpfen aufzuhören – *für immer.*

Aber da ist noch mehr. Wenn wir Glück haben, wird der Friede, den wir gefunden haben, weil wir nicht mehr kämpfen, nicht bloß zu einem weiteren sicheren Hafen, einem weiteren starren Bezugspunkt. Statt dessen wird er zu etwas, das uns den Mut gibt, von ganzem Herzen in die Erfahrung einzutauchen, voll und ganz lebendig zu sein. *Es ist sehr wichtig zu verstehen, daß den ganzen Weg zu gehen mehr bedeutet, als nur mit dem Kämpfen aufzuhören.* Den Weg ganz zu gehen bedeutet, daß wir – eben *weil* wir nicht mehr kämpfen – endlich fähig sind, voll ins Leben einzutauchen. Warum? Weil wir jegliches Anhaften an vorgefaßte Meinungen, was Ruhe und Frieden betrifft, aufgegeben haben, sind wir nun bereit, auf völlig neue Art zu kämpfen. Ja, zu unserer Überraschung erfahren wir eine *Berufung* zu kämpfen und zwar auf eine Weise, die uns keine Fesseln anlegt, aber die Welt buchstäblich in Brand setzt.

Die Entdeckung dieser Bereitschaft klärt etwas, das alle unsere Vorstellungen von Erleuchtung zunichte macht: Endgültige Befreiung erlangt man, indem einem mehr das Leben selbst am Herzen liegt, als die Befreiung davon.

10

Halten Sie an nichts fest

Jene, die wahrhaft frei sind, haben keine Ahnung, wer sie sind. Wenn jemand ihren Namen ruft, werden sie reagieren, weil sie ihn als den ihren erkennen, aber sie werden nicht wissen, wer da reagiert. Weil sie keine festen Vorstellungen von sich haben.

Wie mag es sich anfühlen, wenn man keine festen Vorstellungen von sich hat? Man fühlt sich *nicht abgelenkt.* Nicht abgelenkt von der Vorstellung, irgend jemand oder irgend etwas Besonderes zu sein. Nicht abgelenkt von der eigenen Persönlichkeit mit ihrem endlosen Strom von Erinnerungen, Ängsten und Wünschen. Nicht abgelenkt von allen am absoluten Selbst ausgerichteten

Vorstellungen seiner selbst. Alle Vorstellungen seiner selbst, einschließlich der, die das Heilige betreffen, stellen eine endlose Ablenkung für den Verstand dar. Das Entstehen von irgendeinem Bild in bezug auf das Selbst verdunkelt so leicht die grenzenlose Tiefe und Subtilität, die immer da sind.

Nur ein außergewöhnlicher Mensch muß nicht wissen, wer er ist. Tatsächlich scheint das die größte Herausforderung zu sein, wenn jemand frei sein will. Wir müssen in keiner Weise mit unserem Verstand erfassen, wer wir sind, um fähig zu sein, mit aller Leidenschaft ganz der zu sein, der wir sind. Ja, nur dann, wenn wir frei sind von *allen* Vorstellungen von uns selbst, können wir gänzlich ungeschminkt der sein, der wir sind. Es ist unmöglich, völlig spontan zu sein - was der wahre Ausdruck einer befreiten Persönlichkeit ist -, solange wir uns durch irgendwelche Vorstellungen vom Selbst, dem relativen oder absoluten, ablenken lassen. Nur wenn wir keine Ahnung haben, wer wir sind, werden wir in der Lage sein, in jedem einzelnen Augenblick zu erfahren, wer wir sind.

Die spirituelle Reise wird fast immer auf grundsätzliche Weise von Konzepten über das Selbst begleitet, zu welchen der Sucher Zuflucht nimmt.

Diese Konzepte dienen dazu, im chaotischen Ozean des Lebens eine Illusion von Sicherheit zu schaffen. Es erfordert ungeheuren Mut, sich darauf einzulassen, wach zu sein, ohne sich auf Vorstellungen des Selbst zu stützen, relativ oder absolut. Wir brauchen dem, was wir sind, nichts hinzuzufügen. Wir müssen nur danach streben zu entdecken, wer und was wir sind, ohne alle vorgefaßten Meinungen.

Wenn es uns mit dem Erwachen ernst ist, dann ist es unbedingt erforderlich, uns früher oder später mit der Tatsache auszusöhnen, daß unsere persönliche Geschichte – all das, was wir erlitten haben, angenehm und unangenehm, all das, was uns zu dem macht, wofür wir uns im Augenblick halten – im Angesicht der Wahrheit völlig bedeutungslos ist. Wir müssen einen Weg finden, die Realität direkt zu sehen, wie sie ist, ohne den verfälschenden Einfluß des Verstandes. Der Verstand verfälscht unsere Interpretation der Realität nur dann, wenn wir es zulassen. Und wir lassen es zu, weil wir uns vor der Erfahrung fürchten, keinen Standort zu haben, keinen Bezugspunkt, *keinerlei Ahnung.* Wenn wir wahre spirituelle Freiheit finden wollen, dann müssen wir einen Weg finden, uns von jeglichen vorgefaßten Meinungen über das Selbst freizuhalten, die unser Verstand erschaffen kann und wird. Dies ist ein immerwährendes Bemühen.

Das endgültige Ziel ist schlicht und einfach, die Dinge so zu sehen, wie sie sind, die Realität so wahrzunehmen, wie sie ist. Wir werden wissen, daß wir uns langsam diesem Ziel nähern, wenn wir feststellen, daß sich unsere Persönlichkeit spontan ausdrückt, frei von Furcht, frei von jedem Gefühl von Beschränkung. Wenn die Persönlichkeit auf solche Weise mit Leben erfüllt wird, erfahren wir einen Zustand, in dem wir unentwegt Wirklichkeit entdecken, immer und ständig neu, frei von jedem starren Bezugspunkt. Das ist Freiheit.

Wenn wir an nichts mehr festhalten, wird es möglich, alles zu wissen. Einen Standort dazwischen gibt es nicht.

11

Die unpersönliche Sicht

An Ihrer persönlichen Erfahrung ist nichts Persönliches, überhaupt nichts. Wagen Sie es, sich der Tatsache bewußt zu werden, daß Ihre persönliche Erfahrung eine ganz und gar unpersönliche Angelegenheit ist.

Wollen Sie frei sein? Dann fassen Sie den Mut, genau hinzuschauen und selbst zu entdecken, daß jeder Aspekt Ihrer persönlichen Erfahrung letztlich unpersönlicher Natur ist. Manch einem mag das einleuchten. Doch den meisten fällt es ausgesprochen schwer, sich mit der Tatsache abzufinden, daß jeder einzelne Aspekt ihrer persönlichen Erfahrung letztlich unpersönlich ist.

Wenn wir weit genug in die Tiefe gehen, werden wir entdecken, daß jeder einzelne von uns am Ende nur sehr wenig Einzigartiges oder Besonderes an sich hat. Es ist wichtig zu verstehen, daß es letztlich nur einen einzigen Körper, einen einzigen Geist und ein einziges Herz gibt. Vieles von dem, was das Leben ausmacht, ist ein rein mechanischer Prozeß. Diese Entdeckung kann sehr schockierend sein. Wenn wir den Mut haben, unter die Oberfläche zu tauchen und weit hineinzublicken in die unpersönliche Dimension des Lebens, werden wir staunen, was wir entdecken.

Ein Großteil der Konflikte und des Chaos in unserer Welt rührt daher, daß fast jeder Mensch die Überzeugung in sich trägt, er sei einmalig, er sei etwas Besonderes. Da viele von uns nicht über die oberflächlichen Schichten ihrer Erfahrung hinausgehen, klammern wir uns unwillkürlich an der Vorstellung fest, wir wären einzigartig, um eine Identität zu finden, ein Ich-Gefühl zu lokalisieren.

Was wir in der spirituellen Erfahrung entdekken können, das uns zur Ruhe kommen läßt, das uns damit aufhören läßt, gegen das Leben anzukämpfen, ist das Wissen, daß unsere persönliche Erfahrung in jeder Hinsicht unpersönlich ist. Jemand, der über sein Bedürfnis hinausgewachsen ist, sich als einzigartig oder als etwas Besonderes zu sehen, ist augenblicklich von der Tyrannei des Getrenntseins befreit. Immer ist es nämlich dieser dringende Wunsch, sich als einmalig, als besonders zu sehen, der uns von unserem wahren Wesen und somit auch von allen anderen entfernt. Solange wir es uns gestatten, uns von dem emotionalen und psychischen Bedürfnis vereinnahmen zu lassen, uns als außerhalb des Ganzen stehend und davon abgetrennt zu begreifen, wird eine wirkliche Begegnung miteinander unmöglich sein. Je mehr wir fähig sind, die simple Wahrheit zu erkennen, daß jegliche persönliche Erfahrung letztlich unpersönlich ist, umso weniger werden wir uns genötigt fühlen, uns als getrennt zu sehen.

Um jedoch die sich daraus ergebenden Konsequenzen zu ertragen, ist eine außergewöhnliche Reife nötig. Derjenige, der dazu imstande ist, durchschaut die Illusion des Getrenntseins, die erzeugt wird, wenn man die menschliche Erfahrung als persönlich betrachtet. Wird die Unpersönlichkeit unmittelbar erfahren, erschrecken viele zu Tode – erschrecken, weil sie das Gefühl haben, ihr persönliches Verhältnis zu ihrer Erfahrung werde bedroht. Dadurch begreifen sie, wie ihre persönliche Beziehung zu den meisten ihrer Erfahrungen die Dinge, wie sie wirklich sind, verdreht hat. Und damit wird ihnen klar, daß vieles von dem, was ihnen wahr erschien, in Wirklichkeit unwahr ist. Tatsächlich können die meisten die Wahrheit nicht aushalten. Sie ist ihnen zu rein. Sie ist zu absolut. Sie ist zu überwältigend in ihrer völligen Unpersönlichkeit.

Diese Erkenntnis, daß jegliche persönliche Erfahrung letztlich unpersönlich ist, zeigt den Weg zur Vernichtung aller falschen und verdrehten Sichtweisen, was das Wesen der Wirklichkeit betrifft, relativ und absolut.

Riskieren Sie es, diese Frage einer eingehenden Betrachtung zu unterziehen: *Ist an meiner persönlichen Erfahrung irgend etwas Persönliches?*

Allein durch die Entdeckung, daß Ihre persönliche Erfahrung ganz und gar unpersönlich ist, können Sie Ihre eigene Befreiung erlangen. Mehr ist dazu nicht nötig. Das Erreichen dieses Ziels setzt jedoch ein hohes Maß an Interesse und Entschlossenheit voraus. Es genügt nicht, sich diese Frage nur während der Meditation und der Kontemplation zu stellen. Es genügt nicht, sich diese Frage nur zu bestimmten Zeiten zu stellen, die wir uns nehmen, um besonders darauf zu achten. Nein, sie muß ständig gestellt werden – wenn wir im Bus sitzen, wenn wir arbeiten, wenn wir Ärger oder Lust verspüren, wenn erhabene Gefühle von uns Besitz ergreifen, wenn wir rundum glücklich sind. Was Sie auch immer denken oder empfinden mögen, denken Sie daran, sich zu fragen: Ist an meiner persönlichen Erfahrung irgend etwas Persönliches?

12

Wahre Findende sind rar

Wo nehmen Sie Zuflucht, wenn Sie alleine sind? Die meisten Suchenden haben irgendeinen Zufluchtsort. In welchen Vorstellungen von sich selbst, in welchen Vorstellungen vom Absoluten nehmen Sie Zuflucht?

Wenn Sie frei sein wollen, müssen Sie alle Ihre Überzeugungen betrachten. Sie müssen herausfinden, was Sie *wirklich* glauben, wer Sie sind.

Bewußt oder unbewußt kultivieren die meisten Suchenden unentwegt eine Beziehung zwischen ihrem individuellen Selbst und der Vorstellung von einem größeren Selbst. Ein Großteil der spirituellen Arbeit dient dem Entwickeln einer Beziehung zwischen der Vorstellung von einem kleinen Selbst und der von einem großen Selbst, zwischen einer Vorstellung vom Menschen und einer von Gott, zwischen einer Vorstellung von der Erde und einer vom Himmel. Tatsächlich ist das Vereinnahmen und Kultivieren genau dieser Beziehung das, was viele für den Pfad halten, der zur Erlösung führt.

Warum ist das ein Problem? Wenn der Suchende in seiner eigenen Entwicklung nicht schließlich an den Punkt gelangt, wo er feststellt, daß es *in Wirklichkeit keine Beziehung gibt* zwischen kleinem und großem Selbst, zwischen Mensch und Gott, Erde und Himmel, wird er ein Suchender bleiben, ohne jemals wahrhaft zu finden. Das zu begreifen, ist überaus wichtig. Tatsächlich hängt davon unser Erfolg vollständig ab. Wenn wir das ganz und gar verstehen, erschließt sich uns die wahre Bedeutung der spirituellen Freiheit. Wenn wir das verstehen, hat alle Beziehung ein Ende.

Wahre Findende sind mehr als rar. Tatsächlich ziehen es die meisten Suchenden vor, niemals so weit vorzudringen. Daran liegt es, daß die meisten fast nie über die Beziehung zwischen Individualität und dem Gefühl von einem größeren, geheimnisvollen Selbst hinausgehen. Denn um das zu tun, *müssen sämtliche Vorstellungen und Meinungen abgelegt werden, die dem Suchenden als Zufluchtsort dienen.*

Erst wenn man entdeckt und bedingungslos akzeptiert, daß es keinerlei Beziehung gibt, kann eine endgültige Befreiung stattfinden.

13

Am Rande der Klippe

Frage Wenn man sich auf den spirituellen Pfad begibt, kommt man früher oder später an eine Stelle, wo man sich vorkommt, als stünde man am Rand einer Klippe. Und man hat das Gefühl, als käme man nur weiter, indem man springt, indem man alles hinter sich läßt, was man zu wissen meint. Meine Frage ist: Wenn man dort anlangt, wie macht man diesen Sprung?

Antwort Wenn Sie wirklich dort ankommen, stellt sich die Frage gar nicht »Wie mache ich diesen Sprung?« Aber wenn Sie noch nicht dort sind, wenn Sie tausend Meilen vom Klippenrand entfernt sind, dann fragen Sie sich vielleicht: »Wie soll ich es machen? Wie soll ich diesen Sprung machen?« Aber aus tausend Meilen Entfernung ist der Sprung nicht möglich.

Frage Und wie kommt man bis zum Rand?

Antwort Sie gelangen dort hin, indem Sie sehr ernsthaft werden. Und diese Ernsthaftigkeit wächst einem zu, indem man sich aus tiefster Seele die beiden grundlegenden spirituellen Fragen stellt: »Wer bin ich?« und »Wie soll ich leben?«

Sie beginnen damit, indem Sie sich diese beiden Fragen sehr aufrichtig stellen. Das heißt, Sie müssen an den Punkt kommen, wo wirklich und wahrhaftig Ihr Leben davon abhängt, die Antworten zu finden. Wenn Ihnen diese Fragen wirklich brennend am Herzen liegen, dann *sind* Sie auf dem Weg zur Klippe.

Irgendwann einmal wagen es die meisten Suchenden, sich ernsthafte Fragen zu stellen und sich so dem Klippenrand zu nähern. Aber unglücklicherweise lassen sich zu viele unterwegs ablenken und verlieren das überaus wichtige Gefühl von Dringlichkeit. Ehrgeiz, Romanzen, Angst und Sicherheitsstreben stellen immerwährende Ablenkungen dar, denen schließlich außer den wirklich

Aufrichtigen alle erliegen. Der, der wahrhaft nach Befreiung sucht, erkennt diese Ablenkungen als das, was sie sind, und läßt sich nicht vom Weg abbringen. Doch ist das ausgesprochen selten.

Wenn Sie zu der Stelle kommen, wo Sie den Rand tatsächlich sehen können, spüren Sie einen magnetischen Strom, der Sie buchstäblich darüber hinaus zu ziehen scheint. In einem derartigen Augenblick, der immer erschreckend ist, wird Ihnen klar, daß Befreiung *wirklich möglich* ist. Sie werden Ihrem eigenen Tod ins Auge blicken, und gleichzeitig wird Ihnen bewußt werden, daß es keinerlei Begrenzung gibt. All Ihre Überzeugungen, was Ihre Identität und die Natur der Realität betrifft, kommen ins Wanken, während Sie es mit dem Verstand erfassen und gleichzeitig erfühlen. Sie werden erleben, daß Ihre vorgefaßten Meinungen mehr und mehr unter Druck geraten. Und wenn Sie dem Rand näher und näher kommen, werden Sie immer unmittelbarer erkennen, wie unermeßlich und potentiell unbegrenzt die Tatsache ist, lebendig zu sein.

An diesem Punkt werden viele von Angst und überwältigenden Zweifeln ergriffen. Im Angesicht dessen, was grenzenlos scheint, sehen sie, wie unbedeutend fast alles ist, mit dem Sie sich identifiziert haben. Das ist eine verheerende Erfahrung für das Ego, eine emotional und intellektuell niederschmetternde Offenbarung, die einen in Angst und Schrecken versetzt. Aber wenn man den außergewöhnlichen Mut besitzt, auch angesichts der großen Versuchung, sich dem Zweifel hinzugeben, unbeirrt fortzufahren, wird man nicht nur den Sprung schaffen, sondern möglicherweise auch nie mehr die Notwendigkeit verspüren festzuhalten.

Sie sehen, im Augenblick des Loslassens taucht die Frage »Wie?« nicht auf. Da ist nur der Sprung in das Unermeßliche.

Frage Und in diesem Unermeßlichen findet man die Antworten, nach denen man gesucht hat?

Antwort Ja. Und zwar auf eine endgültige Weise. Das ist der springende Punkt. Unterwegs erhascht man vielleicht mal einen flüchtigen Blick. Während man näher und näher zum Rand kommt, läßt man zu, daß sich die Aufmerksamkeit immer mehr dem zuwendet, was auf der anderen Seite ist, und infolge davon gewinnt man eine gewisse Einsicht in jene Fragen. Diese flüchtigen Blicke sind aber keine endgültige Antwort. Sie sind Momente der spirituellen Bestätigung und Bekräftigung. Sie versichern Ihnen: »Ja, dies ist wirklich wahr.«

Verstehen Sie, unter Zweifeln leidet man normalerweise selbst dann noch, wenn man Augenblicke der Offenbarung erlebt hat. Unter dem Druck dieser Zweifel kann das sowieso schon zerbrechliche Vertrauen ins Wanken kommen: »Ist das alles meine Einbildung, oder ist es wirklich?«

Wenn man vom Klippenrand springt, *gibt es kein Zurück mehr.* An diesem Punkt hat man den Zweifel für immer überwunden. Manch einer verwechselt flüchtige Blicke unterwegs mit dem endgültigen Sprung. Aber es ist nicht dasselbe.

Frage Man bekommt Angst, wenn man sieht, wie heikel das alles ist.

Antwort Ja, es ist heikel. Und Angst bekommt man deshalb, weil einem überaus klar wird, während man sich dem Rand nähert, daß man bei diesem Sprung nichts zu gewinnen, sondern alles zu verlieren hat. Viele Leute hören das Wort »Erleuchtung« und denken, »Muß großartig sein, die zu besitzen.« Aber wenn Sie diesen Sprung tatsächlich machen, werden Sie alles verlieren.

Alles, von dem Sie dachten, daß Sie es sind, muß am Klippenrand zurückgelassen werden, weil Sie nichts mitnehmen können, wenn Sie springen. An diesem Punkt erkennen Sie, wie schockierend real es ist. An diesem Punkt begreifen Sie, es ist kein Spiel.

14

Wie ein Zweig im Orkan

Hingabe bedeutet, nicht zu wissen, was geschehen wird. Wenn wir uns hingeben, hören wir damit auf, wissen zu müssen. Ist die Hingabe echt, so bedeutet das, im tiefsten Inneren unseres Wesens nicht zu wissen, was geschehen wird.

Wenn wir uns die Freiheit gestatten, nicht zu wissen, wird etwas Außergewöhnliches geschehen, denn dann eröffnet sich alles. Dann ist die Erfahrung des Lebens zutiefst freudig und unvorstellbar geheimnisvoll. Nicht zu wissen, was geschehen wird, bedeutet aufzuhören, stets wissen zu müssen, was die Zukunft bringen wird. Wenn wir das Immer-wissen-Wollen aufgeben, entdekken wir, daß sich die Dinge oft auf eine wundersame und unerwartete Weise entwickeln, die wir uns vorher nicht hätten vorstellen können. Erst wenn wir das Bedürfnis hinter uns lassen, immer sicher wissen zu müssen, was die Zukunft bringen wird, entsteht Raum, damit sich das Außergewöhnliche und Wunderbare offenbaren kann.

Wie würden wir das Leben erfahren, wenn wir nicht mehr nach irgendeiner wie auch immer gearteten Sicherheit in der Zukunft suchen würden? Alles würde sich uns eröffnen, alles würde möglich werden. Warum? Weil wir nicht länger darauf warten würden, daß unsere Erfahrung des Lebens vollständig wird. Wenn wir erkennen, daß alles möglich ist, beginnen wir in unserer Reaktion auf das Leben die Grenzen zu sprengen. Alles, was unveränderlich war, löst sich auf, während uns das, was zuvor unvorstellbar war, zugänglich wird. Viele reden von Hingabe, aber in Wahrheit scheinen nur wenige imstande zu sein, sich in dem Maß hinzugeben, das erforderlich ist, um Befreiung zu erlangen.

Aufrichtige Hingabe ist bedingungslos, absolut und immer befreiend. Das bedeutet, in einem solchen Maß loszulassen, daß man zum eigentlichen Zentrum von allem findet. Dann weiß man, sieht man, spürt man, daß man da seine Wohnstatt hat – im eigentlichen Zentrum. Wahre Hingabe bedeutet, daß man dort hingefunden hat und sich dessen stets bewußt ist. Selbst körperlich fühlt man, daß man da zu Hause ist.

Wenn man nicht mehr von der Zukunft besessen ist, so liegt das daran, daß das Leben so reich geworden ist, so erfüllt, so mysteriös. Wenn die Hingabe echt ist, wird diese Erfahrung laufend bestätigt. Immer wieder erkennt man: »Ja, es ist wahr.« Es ist ein Wissen, das absolut ist, ein Wissen, das wieder und wieder Bekräftigung findet.

Hingabe ist dynamisch und explosiv, weil sie Befreiung *ist*. Wenn Sie sagen: »Nicht mein Wille, sondern Dein Wille geschehe« und das auch so meinen, dann geschieht etwas ganz Großes. Das persönliche Leben ist zu Ende und ein wahrlich unbekanntes Leben beginnt. Wenn das nicht auf eine unmißverständliche, geheimnisvolle und bis in die Tiefe reichende Weise geschieht, dann hat man sich noch nicht hingegeben.

Erst wenn Sie in einem Maß losgelassen haben, daß Sie das Gefühl haben, Ihr Leben wird Ihnen weggenommen, ja, richtiggehend weggefegt, dann wissen Sie mit Sicherheit, daß wahre Hingabe stattgefunden hat. Es ist, als würde man von einem Orkan hochgehoben und wie ein kleiner Zweig herumgewirbelt, als hätte man jegliche Kontrolle über sein Schicksal verloren.

Weil Sie nicht mehr versuchen, sich festzuklammern, werden Sie schließlich wahres Glück erfahren. Tatsächlich ist es Ekstase, herumgewirbelt zu werden, wenn man sich nirgendwo festhält. Erkennen Sie, daß Sie so viel leiden, weil Sie versuchen, sich festzuklammern.

15

Vollkommenes Alleinsein

Der Beziehung zu einem spirituellen Lehrer wohnt immer das Versprechen auf Befreiung inne. Und das macht diese Beziehung so interessant. Ich habe bemerkt, daß nur wenige das Potential voll nutzen, das dieser Beziehung innewohnt. Zu viele versuchen nur, davor zu fliehen, daß letztlich nur sie allein verantwortlich für ihr Leben sind. Wenn jemand die Beziehung zum spirituellen Lehrer nur als Flucht benutzt, so deshalb, weil er hofft, eine Art Sicherheit für sich selbst zu finden und damit eine Erleichterung bei der schwierigen Aufgabe, die das Leben darstellt. Sucht man in der Beziehung mit einem spirituellen Lehrer nur Sicherheit, so kann ziemlich viel geschehen, doch wirklich kraftvoll wird die Beziehung erst dann, wenn der Einzelne fähig ist, die volle Verantwortung für seine eigene Entwicklung zu übernehmen. Nur dann wird er danach streben, dem Lehrer in dessen vollkommenem Alleinsein zu begegnen. Diesen Schritt scheint kaum einer machen zu wollen.

Wenn sich das Versprechen von Grenzenlosigkeit erfüllen soll, das der Beziehung zum spirituellen Lehrer innewohnt, muß der Schüler bereit und willens sein, dem Lehrer uneingeschränkt und bedingungslos zu begegnen. Das heißt, voll und ganz und ohne jeglichen Vorbehalt. Dann entsteht ein ungewöhnlicher Bund, der schwer zu beschreiben ist. Ich unterscheide hier zwischen einer Beziehung, die dem Ego Sicherheit gibt, und einer, die dem Ego keinerlei Sicherheit gibt. Ich spreche von einer Beziehung, die nichts als vollkommenes Alleinsein bietet. Und das bedeutet vollkommene Unabhängigkeit und vollkommene Verwirklichung der eigenen Individualität. Worauf ich hinweise, ist eine seltene und herausforderne Möglichkeit, die nicht oft verwirklicht wird.

Es ist nicht ungewöhnlich, daß man bei der ersten Begegnung mit dem spirituellen Lehrer eine kraftvolle Erfahrung macht. Möglicherweise stellen sich ungewöhnliche Gefühle und Sinneseindrücke ein, und – was noch wichtiger ist – möglicherweise werden einem auch tiefgreifende Erkenntnisse zuteil, die die Grundfesten unseres Glaubenssystems ins Wanken bringen können und es auch oft tun. Die Begegnung mag zu einem so außergewöhnlichen Ereignis werden, daß der Suchende möglicherweise unwiderstehlich in eine enge Beziehung mit dem gezogen wird, in dessen Gegenwart er so viel erkannt hat. Doch häufig scheint diese erste Erfahrung vom Schüler nicht als Katalysator genutzt zu werden, um Befreiung zu erlangen. Statt dessen richtet er sich in dieser Erfahrung behaglich ein, um dort zu verweilen. Tatsächlich sind es nur wenige, die aufrichtig nach Befreiung streben und sich nicht auf eine abhängige Beziehung zum spirituellen Lehrer einlassen.

Jeder sucht nach Bestätigung. Jeder will hören, daß er in Ordnung ist, daß alles in Ordnung ist. Im Anfangsstadium der Beziehung zwischen Schüler und spirituellem Lehrer ist es durchaus angemessen, nach einer starken Bestätigung seiner selbst zu suchen, um dadurch auf emotionaler Ebene eine tiefgreifende Heilung zu erfahren. Die möglicherweise intensive Erfahrung bei der Begegnung mit dem spirituellen Lehrer kann diese Bestätigung, diese Heilung bringen. Nur entscheiden sich die meisten dafür, in diesem Zustand zu verbleiben.

Es ist wichtig, daß diese Erfahrung der Bestätigung und der Heilung nicht als Ruheplatz dient, sondern als Fundament einer tiefgründigen Befreiung. Das bedeutet, daß die Begegnung gleichzeitig als Abschluß der Vergangenheit und als Anfang einer ganz und gar anders gearteten, ungewöhnlichen Zukunft dient. Einer Zukunft, die dem aufrichtigen und intensiven Streben nach Auflösung gewidmet ist – der Auflösung aller unwahren und falschen Ansichten über die Natur der Realität, relativ und absolut – und schließlich der Wiederauferstehung einer menschlichen Persönlichkeit, die von den tiefgreifenden Begrenzungen frei ist, die sich zwangsläufig ergeben, solange man zwischen Irrglauben und Nichtwissen gefangen ist.

Ein aufrichtiger Mensch sollte bereit sein, alles dafür zu geben, diese Befreiung in all seinem Tun als eine von Leben erfüllte Möglichkeit zu verwirklichen und auszudrücken – als *er selbst.* Diese Einstellung zum spirituellen Leben unterscheidet sich ganz und gar von der, wo man in Gegenwart eines kraftvollen Menschen bloß nach Sicherheit und Geborgenheit sucht.

Der Mensch, über den ich spreche, wird am Ende nur noch sich selbst haben. Denn jemand, der den ganzen Weg gehen will, ist bemüht, dem spirituellen Lehrer in vollkommenem Alleinsein, in vollkommener Abgeschiedenheit zu begegnen. Das ist etwas ganz anderes als das, wonach die meisten Suchenden tatsächlich Ausschau halten.

16

Absolutes Vertrauen

Spirituelles Erwachen bedeutet, absolutes Vertrauen zu erlangen. Das Erstaunliche daran ist, daß man in diesem Zustand nicht zwischen dem Vertrauen in die eigene Person und dem Vertrauen ins Leben selbst unterscheidet. Dieses Ablegen der Dualität, dieses Ganzwerden, zwingt den aufrichtig Suchenden dazu, sämtliche Grenzen in Frage zu stellen, die der Geist geschaffen hat. Die Grenzen zwischen uns selbst und den anderen, uns und der Welt, müssen alle einer genauen Betrachtung unterzogen werden, wenn man über die befreienden Folgen nachdenkt, die sich aus der Erfahrung absoluten Vertrauens ergeben.

Wenn man den Zustand des Menschen betrachtet und zu seiner höchsten Möglichkeit vollkommener Befreiung in Bezug setzt, stellt man fest, daß es Vertrauen ist, das alle Grenzen und jegliches Gefühl von Getrenntsein auflöst. Tatsächlich kann man es als Demonstration eines absoluten Prinzips bezeichnen, ein absolutes Vertrauen zu erfahren, das die Trennung zwischen dem persönlichen Selbst und dem absoluten Prinzip aufhebt. Wenn jemand diesen erlangten Zustand mit ungebrochener Beständigkeit erhalten kann, ist etwas Heiliges geschehen.

Die befreiende Kraft des absoluten Vertrauens kann und wird sich jedoch nicht offenbaren, solange das Bedürfnis toleriert wird, abgegrenzt, isoliert und allein zu bleiben, getrennt vom anderen und getrennt von der Ganzheit des Lebens. Nur wenn das Bedürfnis, sich als getrennt zu sehen, ein für allemal erloschen ist, wird sich die befreiende Kraft des uneingeschränkten Vertrauens auf eine Weise in dieser Welt manifestieren, welche die lebendige Gegenwart eines absoluten Prinzips bekundet. Es ist die Kraft uneingeschränkten Vertrauens, die alles möglich macht. Dort, wo sie gegenwärtig ist, wird die Unterscheidung zwischen Himmel und Erde, Nirvana und Samsara aufgehoben. Hat man erst einmal absolutes Vertrauen gefunden, gibt es nichts mehr zu erlangen, denn es steht buchstäblich nichts mehr zwischen dem persönlichen Selbst und allem anderen, was das Leben ausmacht.

17

Ganzheit ist vielschichtig

Der spirituelle Prozeß ist ein Evolutionsprozeß, eine Bewegung hin zur Ganzheit, eine Bewegung hin zur Einheit. Der Ausdruck eines befreiten Zustands ist – im elementarsten Sinn des Wortes – Ganzheit, was vollkommene Ungeteiltheit bedeutet. Von einem evolutionären Standpunkt aus betrachtet strebt der Suchende danach, sein Menschsein ganz und gar zu verwirklichen. Er versucht zu entdecken, zu akzeptieren und schließlich zu bekunden, was es bedeutet, ein befreites menschliches Wesen zu sein.

Wenn sich ein Mensch bemüht, die Ganzheit zu verwirklichen, darf man das Ringen um die

Überwindung der inneren Getrenntheit nicht isoliert sehen. Nein, er ist Teil des evolutionären Kampfes, in dem sich die ganze Menschheit verloren hat. Tatsächlich muß der aufrichtig nach Befreiung Suchende gegen genau dieselben Kräfte in sich selbst ankämpfen, welche die Menschen untereinander getrennt halten.

Der Sieg bei der Suche nach Befreiung ist das Erlangen endgültiger Ganzheit. Und dieser Sieg hängt ab von der Entdeckung einer allem zugrunde liegenden Vollkommenheit, die immer da ist, hätte man nur die Augen, sie zu sehen. Die Essenz dieser Vollkommenheit ist Ordnung, die allem zugrunde liegende Ordnung des Universums selbst. Der Siegreiche hat erkannt, daß er nicht von dieser Perfektion/Ordnung getrennt ist. Die direkte Erfahrung dieser Perfektion/Ordnung ist es, die uns aus einem zutiefst geteilten Zustand befreit. Allein durch diese Erfahrung hören wir auf, blind zu kämpfen. Gegen was zu kämpfen? Gegen die allem zugrunde liegende Perfektion/Ordnung, die schon immer da war.

Die meisten erkennen diese Perfektion/Ordnung nur für kurze Augenblicke. Und unter denen sind wiederum nur wenige, deren Einsicht in diese Perfektion/Ordnung so groß ist, daß sie fähig sind, sie in ihrem eigenen Leben fortwährend zum Ausdruck zu bringen. Von einem spirituellen Blickwinkel aus gesehen ist der tiefere Sinn von Ganzheit immer vielschichtig, denn sie spiegelt nicht nur die moralische und ethische Beziehung des Einzelnen zum Leben wieder, sondern gleichzeitig auch die Tiefe seines Wissens um die Perfektion/Ordnung, die allem, was ist, zugrunde liegt.

Das Erreichen endgültiger Ganzheit beweist, daß es möglich ist, ein befreites menschliches Wesen zu werden – ein befreites menschliches Wesen in einer Welt, in der der Zustand der Menschen meist Ausdruck des genauen Gegenteils davon ist und war.

18

Spirituelles Gewissen

In der spirituellen Erfahrung entdecken wir etwas überaus Wichtiges. Wir entdecken, daß sich das, was wir sind und wer wir sind, nicht auf bestimmte, in der Vergangenheit liegende Ereignisse begrenzen läßt. Tatsächlich müssen wir der Tatsache ins Auge sehen, daß durch die Bewegung der Zeit nicht eingegrenzt werden kann, wer und was wir sind. Durch diese Erfahrung erkennen wir ohne jeden Zweifel, daß wir nicht getrennt sind vom Ganzen, und es ist diese Entdeckung, die uns von dem Glauben erlösen kann, daß wir isolierte, separate Wesen sind. Diese Erkenntnis kann uns nicht nur persönliche Befreiung schenken, sondern auch etwas wesentlich

Bedeutsameres, nämlich ein tiefes Gefühl der Verantwortlichkeit für das Ganze.

Dieses Gefühl der Verantwortlichkeit für das Ganze, das durch die spirituelle Erfahrung erweckt werden kann, nenne ich spirituelles Gewissen. Wenn dieses Gewissen in uns geweckt ist, werden wir schließlich die Beziehung zwischen dem Selbst und dem Anderen, dem Selbst und der Welt, die auf der Hand liegt und schon immer bestanden hat, endlich klar und deutlich erkennen können. Und das wiederum zeigt uns selbst ganz unzweideutig, daß unser Tun als menschliches Wesen unzählige, in alle möglichen Richtungen reichende Auswirkungen hat. Wenn wir das spirituelle Gewissen entdecken, werden wir zu unserer Überraschung feststellen, daß wir fähig sind, die erschütternde Feinheit dessen zu erkennen, was es bedeutet, ein erwachtes menschliches Wesen zu sein.

Erwacht zu sein bedeutet, der unumstößlichen Tatsache, daß alles zueinander in Beziehung steht, nicht mehr auszuweichen. Wenn wir wirklich wach sind, werden unsere Taten ausdrücken, daß wir uns der Konsequenzen unserer Entscheidungen bewußt sind. Und zwar auf eine Weise, die zeigt, daß die Grenzen des rein Persönlichen auf immer gefallen sind.

Spirituelle Erfahrung ist bedeutungslos, wenn wir darin nicht ein Gefühl der Verantwortlichkeit entdecken, das uns über die Grenzen des Persönlichen hinausführt. Doch was die spirituelle Erfahrung wirklich bedeutungsvoll macht, ist nicht nur das Erwachen dieses Gewissens; wirklichen Wert erhält sie erst durch das Maß an Mut, den wir besitzen, um auf das zu reagieren, was sie uns offenbart. Das, was sie uns offenbart, ist stets überwältigend in seiner Bedeutung. Aber wenn wir fähig sind, aus ganzem Herzen und ohne jeglichen Vorbehalt zu reagieren, werden wir nicht nur unsere eigene Befreiung finden, sondern zu unserer Überraschung auch feststellen, daß die ganze Welt gerettet worden ist.

19

Dieses unergründliche Geheimnis

Frage Woher wissen wir, ob das, was wir tun, richtig ist?

Antwort Alles, was man tun muß, um zu erfahren wie angemessen unser Handeln wirklich ist, ist zurückzublicken. Jeder kann das tun. Man braucht sich nur umzudrehen und hinter sich zu schauen – auf die letzten zwei Wochen, die letzten zwei Monate, die letzten zwei Jahre. Werfen Sie einen Blick und sehen Sie sich an, wie tiefgründig Ihr Leben ist, wieviel Befreitheit sich darin ausdrückt. So können Sie die Frage beantworten.

Frage Wollen Sie damit sagen, daß es mitten im Tun keine Möglichkeit gibt, um zu berurteilen, ob wir uns richtig verhalten?

Antwort Ja, genau. Sie können es nur beurteilen, indem Sie zurückblicken. Sehen sie, im jeweiligen Augenblick haben wir nicht die Zeit, völlig sicher zu sein. Manchmal denken wir, wir wüßten, was wir tun. Anschließend kann sich erweisen, daß wir recht hatten, doch kann uns auch klar werden, daß wir einer Selbsttäuschung erlegen sind. Beurteilen können wir es letztlich nur, indem wir uns ansehen, was sich daraus ergibt. Im Augenblick des Tuns können wir nur davon überzeugt sein oder intuitiv spüren, daß unser Vorgehen richtig ist oder schlicht und einfach vernünftig zu sein scheint.

In der Tat gibt es Momente im Leben, wo wir uns gezwungen fühlen zu handeln, weil uns alles sagt, daß wir das Richtige tun. Sie sind, sagen wir mal, mit einer Person, zu der Sie sich hingezogen fühlen, am Strand. Der Mond steht am Himmel. Sie hören das Meeresrauschen und spüren den Wind im Gesicht. In Ihnen steigt ein mächtiges Gefühl auf, das »Ja« sagt. Sie spüren es. Die andere Person spürt es. Ihr Herz klopft. Ihr Körper schreit. Plötzlich scheint es, als riefe das ganze Universum: »Ja, ja, ja!« Kein Zweifel weit und breit. Aber am nächsten Morgen sagen Sie vielleicht: »O mein Gott. Was habe ich getan?«

Unser Gefühl in einem bestimmten Augenblick ist nicht immer ein verläßlicher Hinweis darauf, was das angemessene Verhalten wäre. Es gibt keine Möglichkeit, in diesem Augenblick wirklich sicher zu sein. Um sicher zu sein, brauchen wir Zeit. Zeit muß verstreichen, bevor wir wissen können, wie das angemessene Verhalten ausgesehen hätte. Je mehr Zeit, desto besser. Nur in der Rückschau können wir es sagen. Das ist die erschreckende Wahrheit. Wenn es Ihnen mit Ihrer eigenen Befreiung ernst ist, werden Sie sich bemühen, an den Punkt zu kommen, wo alles, was Sie in der Rückschau sehen, auf einer grundlegenden Ebene frei von Irrtum ist. Was Sie dann sehen werden, ist der Ausdruck von etwas, das natürlich, tiefgründig, vollkommen und geheimnisvoll ist. Streben Sie danach, an den Punkt zu kommen, wo die Spur, die Sie hinter sich ziehen, Ausdruck außergewöhnlich unbeirrter, makelloser Beweggründe ist, die stets tiefgreifende und förderliche Auswirkungen haben.

Frage Aber wenn man entdeckt, daß man der eigenen Wahrnehmung der Gegenwart nicht trauen kann, wie kann man dann der Sicht auf die Vergangenheit trauen?

Antwort Ich habe nicht gesagt, man könne der Wahrnehmung der Gegenwart nicht trauen. Ich sagte, man könne nicht vollkommen sicher sein.

Frage Wie kann man dann sicher sein, was Ereignisse in der Vergangenheit angeht?

Antwort Sie können dann sicher sein, wenn Ihnen Ihre Rückschau zeigt, daß sich die Unbeirrbarkeit, von der ich eben sprach, über längere Zeit hinweg ununterbrochen gezeigt hat. Dann erwächst Ihnen das Vertrauen auf natürliche Weise. Ja, Sie werden anfangen, sich auf eine bisher unvorstellbare Weise zu vertrauen. Warum? Weil Sie sehen werden, daß es ganz von alleine immer und immer wieder geschieht, daß sich diese Unbeirrbarkeit einstellt, die der Ausdruck makelloser Beweggründe ist. Wenn es das ist, was Sie bei einer Rückschau sehen, und wenn es das ist, was auch viele andere sehen, dann ist das Vertrauen da, das Sie sich wünschen. Nun ist es so, obwohl Sie im jeweiligen Augenblick nie sicher wissen können, wie die beste Reaktion aussähe, müssen Sie trotzdem reagieren. Wenn Sie ein reiches Leben führen wollen, müssen Sie *sofort* reagieren. Um im jeweiligen Augenblick in völliger Freiheit zu reagieren, muß man auf die Sicherheit, immer richtig zu handeln, verzichten.

Frage Aber wo kommen diese makellosen Beweggründe her?

Antwort Makellose Beweggründe kommt genau von dort, wo man nicht sicher sein kann, einem Ort jenseits aller Gegensatzpaare. Wenn man nämlich einen Schritt über sämtliche Gegensatzpaare hinaus macht, bis jenseits von Gut und Böse, jenseits von Richtig und Falsch, findet man Güte, vollkommene Güte. Das ist der springende Punkt. Aus dem Nicht-sicher-Sein entsteht auf mysteriöse Weise der Ausdruck makelloser Beweggründe und vollkommener Unbeirrbarkeit, was immer tiefgreifende Folgen hat. Nur wenige kennen dieses Geheimnis.

Weil wir so viel Unsicherheit durchleben, wollen wir so dringend an einen Punkt kommen, wo wir sagen können: »Jetzt bin ich sicher, jetzt kann ich mich entspannen.« Faszinierenderweise ist es jedoch so, damit sich diese Art von Entspannung und die Zuversicht, die aus einem tiefen Lebensvertrauen erwächst, wirklich manifestieren können, müssen wir einen Weg finden, uns mehr und mehr mit dem Nicht-sicher-Sein wohl zu fühlen.

20

Die Personalisierung der Gefühle

Die schwierigsten aller menschlichen Erfahrungen sind zweifellos unsere Gefühle, der Bereich, in dem sich fast alle gefährlich verirren. Der Grund dafür ist unsere Tendenz, fast jedes in uns aufsteigende Gefühl persönlich zu nehmen. Diese Tendenz ist eine blinde, konditionierte Gewohnheit, die so automatisch geworden ist, daß es den meisten nicht gelingt, darüber hinauszublicken. Es ist diese Tendenz, fast jedes aufsteigende Gefühl auf unsere Person zu beziehen, die es den Menschen so schwer macht, ihre Gefühlserfahrung wirklich objektiv zu betrachten.

Jeder Mensch, der frei sein will, sieht sich einer der größten Herausforderungen gegenüber, wenn er es wagt, über die Erfahrung des Gefühls hinauszugehen. Das bedeutet, es sich zu gestatten, die letztlich unpersönliche Natur *jeglicher* Gefühlserfahrung unmittelbar wahrzunehmen. Dazu müssen wir jegliche Vorstellungen und Meinungen darüber, was Gefühle in Bezug auf die eigene Persönlichkeit bedeuten, außer Kraft setzen. Wenn einem dies gelingt, wird man erstaunt sein, was man entdeckt. Vielleicht zum allerersten Mal wird man sehen können, wie konditioniert, wie leer von persönlicher Bedeutung, wie wahrhaft *unpersönlich* ein Großteil unserer Gefühlserfahrung wirklich ist.

Für die meisten von uns ist das schwer zu ertragen. Denn so besehen wird rasch klar, daß vieles von dem, was wir für persönlich halten, Illusion ist. Tatsächlich wird uns da etwas sehr Beeindruckendes offenbart, nämlich, daß auf der Gefühlsebene ein Großteil der menschlichen Erfahrung vollkommen identisch ist und bei genauer Betrachtung keinerlei außergewöhnliche Attribute aufweist, aus denen man irgendwelche besonderen Rückschlüsse auf den ziehen könnte, der die Erfahrung macht. Was den meisten nicht klar zu sein scheint, ist die Tatsache, daß sie in einem Bereich des menschlichen Erlebens, der keinerlei Qualität aufweist, die man persönlich nennen könnte, ein Gefühl ihrer Identität aufzuspüren versuchen.

Man muß bereit sein, dies zu sehen, und bereit wird man nur sein, wenn man zweiffelos frei sein will. Sonst wird man sich vor wirklicher Tiefe immer fürchten, man wird sich davor fürchten, zu weit in die spirituelle Erfahrung einzutauchen, so weit, daß sogar die persönliche Bedeutung der Gefühlserfahrung wegfällt.

Der Unterschied zwischen Gefangenschaft und Freiheit ist immer schwarz und weiß, und die Herausforderung, die tiefgehende Befreiung von endloser Verwirrung bedeutet, ist bedingungslos. Solange unsere Beziehung zu unserer Gefühlserfahrung nicht vollkommen befreit ist, werden wir es niemals wagen, sie auf eine Weise zu betrachten, der die Macht innewohnt, uns aus der nicht endenden Verwirrung zu erlösen, die das Gefühlserlebnis mit sich bringt.

21

Eine Liebe so groß

Frage Sie sagten, daran, wie wir fühlen oder was wir denken, könnten wir nicht ablesen, wie frei wir sind. Woran können wir also sehen, ob wir frei sind oder nicht?

Antwort Wie frei wir sind, können wir daran ablesen, wieviel Liebe wir offenbaren können.

Frage Was genau bedeutet das?

Antwort Es bedeutet, wieviel Irrglaube bezüglich der Natur der Liebe, der Wahrheit und des Selbst wir in anderen auflösen können.

Frage Ich dachte, Sie würden sagen »in uns selbst«.

Antwort »In uns selbst« ist eine höchst fragwürdige Bühne. Es ist schwer zu sagen, was »in uns selbst« wirklich bedeutet. Was in Ihnen selbst vor sich geht, können Sie letzten Endes nur daran ablesen, wie groß die Nähe und wie unerschütterlich das Vertrauen sind, die Sie in ihren Beziehungen zu anderen an den Tag legen. Das ist letztlich die einzige Möglichkeit, um klar zu sehen, was in Ihnen selbst geschieht. Alles andere ist eine ziemlich unsichere Angelegenheit.

Verstehen Sie bitte, wenn wir frei sein wollen, müssen wir uns ernsthaft daran machen, sämtliche Grenzen niederzureißen, die unsere Getrenntheit aufrechthalten. Wenn wir uns ehrlich bemühen, werden wir schließlich feststellen, daß diese Grenzen ausschließlich persönlicher Natur sind. Mit dieser Erkenntnis kann die überaus begrenzte Weise, in der wir das Selbst, den Anderen und das Leben als Ganzes sehen, restlos umgewandelt werden.

Frage Auf welche Weise?

Antwort Auf solche Weise, daß Sie nicht mehr auf grundsätzlich persönliche Art mit anderen in

Beziehung treten. Warum? Weil Sie eine Liebe verwirklicht haben, die so groß ist, daß sie durch ihr bloßes Ausmaß in einer Beziehung, die auf dem basiert, was man persönlich nennen könnte, keinen Platz mehr findet. Das bedeutet, daß Sie dann von der persönlichen Geschichte, dem Geschlecht oder dem Alter des Anderen nicht mehr so in Anspruch genommen werden. Dann sind Sie vorrangig an dem Geheimnis des Selbst interessiert, das sich unentwegt und in jedem Augenblick als die einzige Wahrheit zeigt. Wenn alles andere zweitrangig wird, dann tritt dies in den Vordergrund.

Die Art Liebe, von der ich spreche, hat nichts zu tun mit Zeit, mit Vergangenheit, mit dem, was persönlich ist. Diese Art Liebe enthält keine Spur von Sentimentalität. Wenn Sie sich genötigt sehen, sich auf diese Art von Liebe einzulassen, dann, glauben Sie mir, wird Ihr sogenanntes persönliches Leben auf unvorstellbare Weise verwandelt. Diese Liebe und die Kraft ihrer Forderung nach absoluter Unterwerfung sind so zerstörerisch, was alle Unehrlichkeit betrifft, daß es die meisten nicht aushalten können. Tatsächlich muß man sich zu dieser Art Unterwerfung instinktiv hingezogen fühlen, sonst wird man sie niemals

als das erkennen, was sie in Wahrheit ist: die bedingungslose Forderung einer Liebe, die absolut ist. Unverbrämt, unverzerrt von Furcht und unverdorben von Begehren – machen Sie sich da nichts vor – bedroht wirkliche Liebe jede falsche Vorstellung, die wir vom Selbst, vom Leben und von der Realität insgesamt haben. Wirkliche Liebe bedroht einfach *alles.* Das ist die höchste Form der Liebe.

Noch einmal, worüber ich spreche, hat nichts mit einer rein persönlichen Liebe zu tun. Sentimentale Gefühle und unser Verhaftetsein damit werden sich stets nur als Urheber einer getrennten Existenz erweisen. Transzendente Liebe ist unpersönlich und kümmert sich nicht um Persönliches. Das ist ein riesengroßer Schritt und für einen Großteil der Menschen ist es schwierig, ihn wirklich nachzuvollziehen. Die meisten werden fragen: »Was habe ich von dieser Art von Liebe?« auch wenn sie es nicht laut aussprechen. Die Antwort lautet *nichts.* Deshalb rede ich nur selten über Liebe. Denn ich weiß, daß man unter diesem Wort meist etwas ganz anderes versteht als das, was ich damit meine.

Wahre Liebe hat zu tun mit Beziehung, mit der magnetischen Kraft, die uns zusammenführt. Liebe, die frei ist von Persönlichem, reinigt *bedingungslos.* Sie brennt wie Feuer. Wir müssen gewillt und bereit sein, uns von diesem Feuer verzehren zu lassen, sonst werden wir sagen: »Das ist mir zuviel!«

Frage Wie ist es, mit jemandem in Beziehung zu treten, der diese tiefe Liebe, von der Sie sprechen, erfahren hat und ausdrückt?

Antwort Überwältigend, was die Intensität angeht, begleitet von einer absoluten Forderung.

Frage Hat diese Intensität die Kraft, andere auf dieselbe Ebene zu ziehen?

Antwort Ja, natürlich hat sie das. Aber es ist wahrscheinlicher, daß die Leute die Flucht ergreifen. Alles hängt davon ab, wie weit man gehen will. Wenn die Kraft dieser Art von Liebe für die Uneingeweihten so entwaffnend ist, so liegt das daran, daß in ihrer Nähe Unehrlichkeit nicht überleben kann. Die schnellste Art und Weise, diejenigen zu verlieren, die man vermeintlich am meisten liebt, ist, indem man die wirkliche Liebe entdeckt. Sehen Sie, so viele von uns verbergen sich in Beziehungen, die auf Unaufrichtigkeit,

Oberflächlichkeit und Bedeutungslosigkeit begründet sind. Aber wenn wir uns wirklich nach Befreiung sehnen, dann werden wir die Art von Beziehungen suchen, in denen man sich nicht verbergen kann. Dies wird uns helfen zu verstehen, auf welche Weise das spirituelle Erwachen auf die Tiefe und die Qualität der Beziehungen, die wir mit anderen eingehen, direkten Einfluß hat.

Frage Was genau ist es, was uns dazu bringen würde, vor der wirklichen Liebe die Flucht zu ergreifen?

Antwort Die Angst vor der Wahrheit. Die Angst davor, die Unehrlichkeit zu erkennen. Die überwältigende Angst davor, wirklich frei zu sein. Deshalb bestehen so viele von uns darauf, dem, was begrenzt ist, viel größere Bedeutung beizumessen, als es in Wirklichkeit hat. Wenn wir wirklich frei sein wollen, werden wir eine Entschlußkraft in uns finden, die uns vor der Versuchung bewahrt, uns in die Unehrlichkeit zu flüchten. Wir werden nicht mehr gewillt sein, das, was unwirklich ist, als wirklich zu sehen, und das, was unwahr ist, als wahr. Denn wir werden wissen, daß letzten Endes keine Flucht möglich ist.

22

Ekstatische Nähe

Frage Warum sollte man sich dafür entscheiden, mit anderen Menschen eine spirituelle Gemeinschaft zu bilden, anstatt die Erleuchtung durch Meditation und Kontemplation auf eigene Faust zu erreichen?

Antwort Um unerträgliche Nähe zu erleben. Können Sie sich das vorstellen? *Unerträgliche, ekstatische Nähe.*

Ohne sich dessen gewahr zu werden, klammern sich die Menschen hartnäckig an die Vorstellung, sie seien einzigartig oder etwas Besonderes, was in diesem Fall gleichbedeutend mit getrennt ist. Tatsächlich leiden die meisten Menschen unter diesem zwanghaften Bedürfnis, sich als getrennt zu sehen. Ich spreche von einer aggressiven, psychischen Angewohnheit, die es dem Einzelnen gestattet, sich stets als außerhalb des und getrennt vom Ganzen zu sehen. Diese Angewohnheit wird Selbstbewußtsein genannt.

Wenn man geneigt ist, sich als einzigartig oder besonders zu sehen, kommt es einem nicht sonderlich erstrebenswert vor, in ekstatischer Nähe mit anderen zusammenzukommen. Nein, man findet es eher bedrohlich. Schon allein bei dem Gedanken daran hat man das Gefühl, man bekäme keine Luft mehr, weil kein Raum mehr für einen selbst bliebe, wenn man so eine Nähe mit anderen erleben würde. Aber darum geht es ja gerade. Es geht darum, sich von diesem Bedürfnis loszusagen, sich in irgendeiner Form als getrennt zu sehen.

Sich von diesem Bedürfnis, sich als getrennt zu sehen, loszusagen, läßt eine vollständig neue Erfahrung zum Vorschein kommen, die Erfahrung von Nähe, ekstatischer Nähe. Die Ekstase, die man empfindet, wenn man durch Erfahrung erkennt, daß zwischen einem selbst und anderen kein Unterschied besteht, kann nicht nur durch innere Offenbarung erfahren werden. Wunderbarerweise kann sie erlebt werden, wenn man ganz einfach mit anderen zusammen ist.

Wie wäre es, wenn wir keine Kluft aus Zeit, keine Kluft aus Raum, keine Kluft aus Zweifeln zwischen uns und anderen fühlen würden? Man kann es sich nur schwer vorstellen, weil in dieser Welt, in der wir leben, kaum die Erfahrung von vollkommenem Vertrauen gemacht wird. Wie wäre es, wenn einer einem anderen wahrhaft begegnen könnte? Wie wäre es, wenn eine Handvoll Menschen auf eine Weise zusammenkäme, wo es keinerlei Kluft gibt, wo man vorbehaltslos in die guten Absichten aller vertrauen kann? Wenn das möglich wäre, fänden wir uns in einer völlig verwandelten Welt wieder. Die Erfahrung, was es bedeutet, ein menschliches Wesen zu sein, wäre ganz, ganz anders.

Sobald man psychisch und emotional von der unerbittlichen Bürde befreit ist, sich immer als getrennt sehen zu müssen, entdeckt man das wahre Selbst – das Selbst, das wir alle sind, wenn wir nicht von dem Bedürfnis abgelenkt werden, uns in irgendeiner Form als getrennt zu sehen. Diese Entdeckung ist reine Ekstase. In dieser Entdeckung kommen wir zur Ruhe. In dieser Entdeckung gibt es keine Angst und keinen Mangel mehr – nur Liebe, Freiheit und Freude. Warum? Weil man in seiner wahren Natur ruht.

Könnte dies zu einer kollektiven Erfahrung werden, wäre augenblicklich alles Unwahre und Falsche dieser Welt besiegt. Dann wäre der wirkliche Kern des Problems dieser Welt vernichtet, nämlich das Bedürfnis eines jeden, in der Abgetrenntheit zu bleiben. In einer solchermaßen verwandelten Welt kann sich unser wahres Selbst, das transzendent und vollständig unpersönlich ist, ausdrücken - als *wir selbst*. Darin manifestiert sich ganz selbstverständlich das Wunder des Einsseins. In diesem Einssein wird alles offenbart. Augenblicklich versteht man nicht nur, warum die Dinge so sind, wie sie sind, sondern auch - und das ist wichtiger - wie sie sein können. Aus der Erkenntnis heraus, warum wir hier auf Erden sind, wird plötzlich alles klar - wir sind hier, um zu beweisen, daß Einssein möglich ist.

Sie müssen verstehen, daß das, worüber ich da rede, weit über die Befreiung des Einzelnen hinausgeht. Der Erfolg des Einzelnen ist für sich betrachtet nicht genug. Damit die Evolution auf wirklich bedeutende Weise fortschreiten kann, ist ein kollektiver Erfolg nötig. Ein kollektiver Erfolg, in dem viele Menschen gleichzeitig im Bewußtsein ihres wahren Selbst leben. Erst dann haben wir gesiegt.

23

Ein makelloser Zustand

Was eine erwachte Person von einer nicht erwachten unterscheidet, ist die Fähigkeit zu erkennen, was wahr ist. Jemand, der erwacht ist, ist fähig, viel mehr von dem zu sehen, was wirklich da ist, als jemand, der nicht erwacht ist. Das liegt daran, weil seine Aufmerksamkeit weit, subtil und tiefgründig geworden ist.

Das Wort »Erleuchtung« bedeutet nicht nur Bewußtheit des Seins oder Erfahren von Glückseligkeit. Erleuchtung bedeutet, sich dessen gewahr zu sein, was immer direkt vor uns liegt. Wenn wir nur nach einer besonderen Erfahrung streben, einem speziellen Gefühl, einem bestimmten spirituellen Ereignis, dann werden wir nicht unbedingt Erleuchtung erlangen. Der Grund dafür ist, daß wir uns immer auf eine starre Vorstellung dessen konzentrieren, was wir erwarten.

Das Ziel ist, einen Zustand zu verwirklichen, in dem wir mit unserem ganzen Sein nur eines wissen wollen, nämlich was wahr ist. Gleichzeitig sind wir in diesem Zustand emotional keiner Vorstellung verhaftet, wie diese Wahrheit aussehen sollte. Ich spreche davon, einen Zustand zu erreichen, in dem es unser innigster Wunsch ist, einfach nur die Wahrheit *um ihrer selbst willen* zu erkennen. Das bedeutet, daß wir wissen wollen, daß wir aus der Tiefe unseres Seins heraus wissen wollen. Aber dieser leidenschaftliche Wunsch zu wissen ist frei von festen Vorstellungen dessen, was wir wissen werden. Wenn wir an dem Punkt anlangen, wo wir mehr als alles andere wissen wollen, was wahr ist, und zwar ohne irgendwelche festen Vorstellungen, ist der Boden bereitet, um herauszufinden, was tatsächlich wahr ist.

Doch ist da noch mehr. Selbst wenn wir entdecken, was wahr ist, muß der Wunsch *dauerhaft bleiben,* die Wahrheit um ihrer selbst willen zu erfahren. Was bedeutet, daß wir, selbst wenn wir wissen, unseren Ausgangspunkt nach wie vor nicht verlassen. Dann bleiben wir bei unserer Suche nach dem, was wahr ist, und lassen nicht locker. Denn obwohl wir nun entdeckt haben, was wahr ist, legen wir uns nicht fest. Wir wollen immer noch wissen, was wahr ist.

Noch einmal, in unserem leidenschaftlichen Wunsch zu wissen ist kein Platz für unverrückbare Vorstellungen. Wir sehen einfach hin, und die Schlüsse, die wir ziehen, begründen sich darauf, was lebendig und gegenwärtig ist. Damit einer Erkenntnis befreiende Kraft innewohnt, muß sie *lebendig* sein. Und damit eine Erkenntnis lebendig bleibt, müssen wir uns einen Zustand zu eigen machen, wo wir keinen festen Vorstellungen verhaftet sind.

In einem derartigen Zustand wird es nicht nur möglich zu erkennen, was wahr ist, sondern genau dieser Zustand erlaubt uns, *immer* zu wissen, was wahr ist. Noch einmal, dieser Zustand ist dadurch geprägt, daß unser grundlegender Wunsch und unser Sehnen ein leidenschaftliches Interesse an der Wahrheit um ihrer selbst willen ist. Und diese Leidenschaft darf von keinerlei festen Vorstellungen begleitet sein. Denn sonst wird unsere

Interpretation unserer Erfahrung, selbst wenn wir entdecken, was wahr ist, immer von diesen Vorstellungen verfälscht werden. Darin liegt der Unterschied zwischen einer toten Religion und einer lebendigen Offenbarung.

Dies ist ein heikles Thema. Nur wenn Sie den leidenschaftlichen Wunsch hegen zu wissen, was wahr ist, und gleichzeitig den Mut und das furchtlose Interesse besitzen, das, was Sie entdecken, nicht durch vorgefaßte, starre Vorstellungen zu verfälschen, haben Sie einen Zustand erreicht, den man makellos nennen könnte. Es ist dieser makellose Zustand, der uns erfahren läßt, was immer neu ist.

24

Endgültige Reinheit

Es gibt eine Lebensweise, die wunderbar ist, die frei ist von Furcht und die stets über die Fähigkeit unseres Verstandes hinausgeht, die Dinge zu begreifen. Um auf das Leben in dieser Weise zu reagieren, müssen wir schneller wissen, wie wir handeln müssen, als es uns irgendeine Art von Vorsatz gestatten würde. Haben wir dieses Geheimnis erfahren, können wir fortwährend ein unvorstellbares Mysterium entdecken.

Um auf diese wunderbare Weise leben zu können, müssen wir gewillt sein, in einem Zustand des Nichtwissens zu verweilen. Das bedeutet, daß wir bereit sein müssen, uns eine immerwährende Ernsthaftigkeit zu eigen zu machen. Diese

Ernsthaftigkeit gilt dem vorbehaltlosen Verzicht darauf, wissen zu *müssen.* Solange einem das nicht vollkommen gelingt, fehlt dem in spiritueller Hinsicht Erreichten noch die endgültige Reinheit. Reinheit kann sich nur dann offenbaren, wenn man fähig ist, vorbehaltslos in dem Wissen zu leben, daß man nicht weiß und *niemals* wissen wird.

Ich beschreibe hier eine Lebensweise, welche die meisten seltsam, unsinnig und sogar gefährlich finden mögen. Sehen Sie, man entdeckt, daß man nicht zu wissen braucht, um *vollendet* zu funktionieren. Das ist das Wunder, das Geheimnisvolle und das Außergewöhnliche daran.

25

Was würden Sie tun?

Was würden Sie tun, wenn Ihnen klar werden würde, daß alles von Ihnen abhängt? Was würden Sie tun, wenn Sie plötzlich begreifen würden, daß die Evolution der gesamten Menschheit *allein auf Ihren Schultern* ruht? Was würden Sie tun?

Wagen Sie es, ihren Gedanken freien Lauf zu lassen. Geben Sie sich ganz Ihrer Vorstellung hin. Stellen Sie sich vor, Sie sitzen in einem überfüllten Bus. Sie sind auf dem Weg zur Arbeit. Plötzlich, ohne ersichtlichen Grund, wird alles ganz still. Sie hören keinen einzigen Ton mehr. Sämtliche Stimmen um Sie herum verstummen. Dann wird es sogar noch dramatischer. Jetzt können Sie auch nichts und niemanden mehr sehen. Alles verschwindet. Plötzlich werden Sie von einem strahlend weißen Licht überwältigt. Wohin Sie auch blicken, überall ist nur dieser blendende Glanz. In Ihrer wachsenden Verwirrung bemerken Sie, daß Ihnen eine unsichtbare Präsenz mitteilt, die Evolution der gesamten Menschheit läge ganz allein auf Ihren Schultern. Dann ist alles ebenso schnell wieder vorbei, wie es angefangen hat. Wie betäubt finden Sie sich in dem vollen Bus wieder, gemeinsam mit den anderen, die wie Sie zur Arbeit fahren.

Wenn Ihnen so etwas zustieße, was würden Sie tun? Wären Sie fähig, sich dem Ruf des Absoluten und dem, was er mit sich brächte, zu entziehen? Hätte diese Erkenntnis nachhaltigen Einfluß auf Ihre Beziehung zu dem, was sich in Ihrem Verstand abspielt? Würde Ihre Beziehung zu der Art und Weise, wie Sie fühlen, von einem Moment zum anderen beeinflußt? Hätte diese schockierende Enthüllung irgendeinen Einfluß auf Ihre Beziehung zur Vergangenheit, zur Gegenwart und zur Zukunft? Würde sich Ihre Beziehung zum Leben und Ihrem ganzen Erleben auf unwiderrufliche Weise wandeln? Oder sind Sie so verwickelt in das Drama Ihres persönlichen Lebens, daß Sie fähig wären, der Gleiche zu bleiben? Wäre es Ihnen noch möglich, an der Gültigkeit einer beängstigend ichbezogenen Beziehung zum Leben festzuhalten?

Diese erbärmliche Welt kann sich nur wirklich ändern, wenn der Einzelne gewillt ist, das Persönliche auf wahrlich heldenhafte Weise hinter sich zu lassen. Solange wir nicht so weit gehen können, werden wir in einem Zustand verharren, wo es uns immer nur um unsere eigenen Bedürfnisse geht. Wie ein Bettler werden wir eine gequälte Existenz des stetigen Mangels führen. Die meisten von uns sind bereit, so zu leben.

Um den befreienden Idealismus, den viele von uns irgendwann einmal deutlich erfahren haben, in die Tat umzusetzen, müssen wir gewillt sein, eine große Last auf uns zu nehmen, und diese Last ist die Evolution des Ganzen. Denn damit wir unser Ziel erreichen, müssen wir bereit sein, gegen die machtvolle, bewußte oder unbewußte Konditionierung der gesamten Menschheit anzukämpfen. Was bedeutet, daß wir aus dem Schatten hervortreten müssen, um gesehen zu werden. Wie Atlas müssen wir bereit sein, die ganze Welt auf unseren Schultern zu tragen. Eine furchteinflößende Aufgabe!

Also – wenn Ihnen etwas gänzlich Ungewöhnliches zustieße, was würden Sie tun?

Andrew Cohen ist nicht nur ein spiritueller Lehrer - er ist ein inspirierendes Phänomen. Seit seinem Erwachen im Jahre 1986 ist sein Leben nur noch einem einzigen Thema gewidmet, der Möglichkeit einer vollständigen Befreiung aus den Fesseln der Unwissenheit, des Aberglaubens und der Selbstsucht. Im Verlauf seines unaufhörlichen Forschens hat er den »Juwel der Erleuchtung« aus jedem Blickwinkel betrachtet und eine Lehre hervorgebracht, die umfassend und tiefgründig ist, gleichzeitig aber auch unvergleichlich direkt und revolutionär in ihrer Wirkung.

Durch sein Lehren, seine Bücher und seine Begegnungen mit spirituellen Lehrern fast jeder Tradition hat er unermüdlich versucht, seine Erkenntnis zu vermitteln, daß die wahre Bedeutung der spirituellen Befreiung in dem Potential liegt, nicht nur den Einzelnen vollständig zu wandeln, sondern die ganze Art und Weise, wie die Menschen miteinander leben. In scharfem Kontrast zu dem heutzutage vorherrschenden Zynismus, jedoch in vollem Bewußtsein der schwierigen Herausforderungen, denen wir gegenüberstehen, hat er es gewagt, zu lehren und zu zeigen, daß es wirklich möglich ist, den Himmel auf die Erde herunterzuholen. Seine kraftvolle Botschaft der Einheit, Offenheit und Liebe hat viele dazu inspiriert, sich zusammenzutun, um durch ihr eigenes Leben zu beweisen, daß sie verwirklicht werden kann. Dies hat eine internationale Revolution von ungeheurer Vitalität und Bedeutung in Gang gesetzt, die immer größere Kreise zieht.

FACE-Center *(Friends of Andrew Cohen Everywhere)* gibt es derzeit in Amsterdam, Boston, Köln, London, New York, Tel Aviv, Sydney und Toronto.